Drews / Pohl / Dr. Reuter

Erfolgreiche Musterbriefe

Gerald Drews
Detlef Pohl · Dr. Thomas Reuter

Erfolgreiche Musterbriefe

Reklamation · Kündigung · Mahnung

Augustus Verlag

Die Deutsche Bibliothek – CIP-Einheitsaufnahme

Erfolgreiche Musterbriefe : Reklamation, Kündigung, Mahnung ; direkt einsetzbare Musterbriefe, exakte praktische Anleitungen für ihre perfekte Korrespondenz mit Behörden, Banken und Versicherungen, Mietern und Vermietern, Arbeitgebern, Handwerkern, Einzelhandel u.a. / Detlef Pohl. – Augsburg : Augustus-Verl.
(Ihr gutes Recht)
ISBN 3-8043-3018-5
NE: Pohl, Detlef
Hauptw (1995)
Diskette: Über 300 Musterbriefe, sofort einsetzbar. – 1995

AUGUSTUS VERLAG AUGSBURG 1995

Umschlaggestaltung: Christa Manner, München
Satz: Cicero Lasersatz, Augsburg
Lektorat: Hartmut Schultes
Druck und Bindung: Wiener Verlag, Himberg
Printed in Austria

ISBN 3-8043-3018-5

Inhalt

Teil F: Sonstiges

Vorwort

Briefe wirken manchmal Wunder

Die Menschen verzeihen dem nicht,
der sich nicht Respekt zu verschaffen weiß.

Tschingis Aitmatow,
kirgisischer Schriftsteller,
geb. 1928

Jeder kann ein Lied davon singen: Irgendwann fühlen Sie sich falsch behandelt von Handwerkern, beim Arzt, am Bankschalter, bei Behörden. Zunächst sind Sie sprachlos, etwas später wütend, und dann überlegen die meisten, wie sie sich gegen Fehler oder vermeintliche Willkür wehren können. Schließlich steht jedem sein gutes Recht zu. Mitunter genügt dann eine freundliche, aber bestimmte Aussprache, etwa mit dem Filialleiter, wenn Ihnen eine Verkäuferin patzig gekommen ist. In anderen Fällen läßt sich per Telefon manches geradebiegen, etwa mit dem Handwerker, nach dessen Reparatur der Wasserhahn immer noch etwas tropft, und der daraufhin noch mal bei Ihnen vorbeischaut. Einige Leistungen im Alltag, die nicht zu Ihrer Zufriedenheit ausfallen, obwohl Sie darauf Anspruch hatten, müssen in geeigneter Form schriftlich reklamiert oder überhaupt erst angezeigt werden. So will die Versicherung es schriftlich, wenn etwas zu Schaden gekommen ist.

Hinzu kommt: Viele Situationen erfordern sogar, sich an eine bestimmte Form (meist vorgedruckt) zu halten, und das auch noch in einer begrenzten Frist. Aus dem Hut fallen den meisten von uns jedoch nicht die passenden Worte ein, um den Amtsschimmel mit kühler Sachlichkeit auf Trab zu bringen. Im Gegenteil: Berührungsängste sind immer noch weit verbreitet.

Deshalb haben wir typische Gelegenheiten unter die Lupe genommen, von denen im Alltag der Verbraucherzentralen häufig berichtet wird. Kommt es zu Ungereimtheiten oder Streit, kann dieses Buch mit einer Fülle vorbereiteter Musterbriefe helfen, die Kritik in der geeigneten Form und gebotenen Sachlichkeit an die richtige Adresse zu bringen. Damit protestieren Sie fristgemäß und verhindern, daß Ansprüche aus Zeitgründen verlorengehen. Ein solcher Brief schafft es jedoch niemals, anwaltlichen Rat zu ersetzen, der wiederum ausschließlich vom Einzelfall abhängt. Schon deshalb können wir – trotz sorgfältiger Recherche – keine Haftung für Richtigkeit und Vollständigkeit der Aussagen übernehmen. Wir liefern nur Hilfe für den ersten Schritt, sich zu wehren. Den zweiten und jeden weiteren Schritt sollten Sie mit Rechtsberatung gehen.

Wer die Musterbriefe zur Grundlage nimmt, spart Zeit und Nerven für die eigentlichen Argumente seines speziellen Falles. Noch besser haben es PC-Nutzer: Sie brauchen die Standard-Formulierungen nicht einmal abzuschreiben – sondern können die mitgelieferte Diskette verwenden – und sind noch schneller mit dem ärgerlichen Schriftwechsel fertig.

Nun liegt es in Ihrer Hand, auf Ihr Recht zu pochen. Vermeiden Sie jedoch Streit um jeden Preis. Steigende Gerichtskosten und Anwaltshonorare sollten vorher bedacht werden, sonst bekommen Sie vielleicht recht, sind aber trotzdem arm dran. Wie sich dabei womöglich Kosten und Mühen sparen lassen, erfahren Sie im jeweiligen Kapitel. Zum Glück gibt es gerade bei mangelhaften Dienstleistungen einen völlig kostenlosen Weg, Ärger abzustellen: Sie wechseln einfach Händler, Arzt, Handwerker, Bank, Versicherung oder sonst jemanden, der meint, Sie ungestraft tyrannisieren zu können.

Gerald Drews
Detlef Pohl
Dr. Thomas Reuter

1. Kapitel

So bringen Sie Ihre Briefe richtig in Form

Es gibt keine Vorschriften über die Form eines offiziellen Briefes, doch wirkt es einfach besser, wenn Sie sich an einige Grundregeln halten. Ganz so, wie man außen auf dem Briefumschlag ja auch Normen beachtet, damit die gelbe Post den Brief auf den richtigen Weg bringen kann. Beispiel: Weißes, unliniertes Papier und ein fehlerfreies Schriftbild sollten selbstverständlich sein. Formulieren Sie betont sachlich, klar und präzise (möglichst nur eine Seite, höchstens zwei Seiten lang). Unverständliche Briefe machen häufig Rückfragen erforderlich. Das kostet Zeit und Geld und verursacht weiteren Ärger auf beiden Seiten. Auch bei berechtigten Beanstandungen gilt: klare Argumente statt verletzender Äußerungen.

Abstand, Rand, Absätze

Obwohl sich einfache und knappe Formulierungen immer gut machen, sollten Sie nicht am Papier geizen. Oben und unten bleibt ein Rand (wenigstens 2,5 Zentimeter), an beiden Seiten ebenfalls (wenigstens 2,5 Zentimeter). Jedes Blatt wird nur einseitig beschrieben. Zwischen Absender, Anschrift und den eigentlichen Text gehört jeweils mindestens eine Leerzeile – das lockert den Brief auf und macht ihn lesbarer. Bedarf es längerer Erläuterungen, so sind Absätze sinnvoll. Auch zwischen zwei Absätzen wirkt eine Leerzeile optisch günstig. Computerprogramme enthalten in der Regel Briefformulare, so daß Ränder, Platz für die Anschrift und sogar das Datum schon fix und fertig sind.
Auf der folgenden Seite sehen Sie, wie ein ordentlicher Brief aussieht (als **Musterbrief 1** auf der Diskette).

Absender, Anschrift, Ort und Datum, Betreff

Der Musterbrief 1 bietet zugleich einen Anschriften-Vorteil: Mit dieser Anordnung der Anschrift lassen sich Fenster-Briefumschläge nutzen; Sie ersparen sich die Beschriftung des Umschlages. Computer-Nutzer können zudem die Absender-Adresse auf den Umschlag drucken, für alle anderen erfüllt ein Stempel den gleichen, zeitsparenden Zweck. Beim Absender sollten Sie vom Allgemeinen zum Besonderen kom-

Klaus Absender
Schreibstraße 1
12321 Formhausen

Stadtverwaltung Formhausen
Schreibamt
Beamtenstraße 65
12321 Formhausen

Formhausen,

Informationen zum Wohngebiet...

Sehr geehrte Damen und Herren,

wie ich Ihrer jüngsten Postwurfsendung entnehme, hat die Stadtverordnetenversammlung einen ersten Entwurf für das künftige Wohngebiet ... verabschiedet. Ich interessiere mich sehr für diese Gegend und würde am liebsten dort eine Eigentumswohnung kaufen.

Daher wäre ich Ihnen sehr verbunden, wenn Sie mir weitergehende Informationen geben könnten, insbesondere zum geplanten Baubeginn und zu den Kosten für Käufer. Vielleicht könnten Sie auch kompetente Ansprechpartner in der Behörde und darüber hinaus (Bauträger, Makler, Architekt) benennen?

Mit freundlichen Grüßen

Kurt Baumann

Musterbrief 1: Briefform

men, also zuerst die Behörde oder Firma nennen, dann die Funktion oder das Ressort und schließlich den Namen des Ansprechpartners (den man vorher telefonisch erfragen sollte: »Wer ist bei Ihnen für … zuständig?«).

Durch den europäischen Binnenmarkt kommen mehr Deutsche in die Verlegenheit, Briefe ins Ausland zu schreiben. Faustregel: Gibt es im Bestimmungsland auch Postleitzahlen, wird das internationale Kfz-Kennzeichen vor die Postleitzahl gesetzt (zum Beispiel S-10110 Stockholm); gibt es keine Postleitzahlen, so steht das Land unter dem Bestimmungsort.

Ort und Datum sind einfach und wie man spricht anzugeben, etwa: Berlin, 15. 11. 1994. Damit der Adressat Ihres Schreibens schnell erfaßt, worum es Ihnen geht, hat sich eine kurze Inhaltsangabe zu Beginn des Briefes als nützlich erwiesen. Früher wurde dieser sogenannte Betreff mit »Betr.« eingeleitet, heute ist dies nicht mehr üblich.

Anreden und spezielle Anreden für Behördenchefs

Hier kommt es auf die Vorgeschichte an. Kennen Sie Ihren Ansprechpartner noch nicht, so empfiehlt sich die Anrede:

»Sehr geehrte Damen und Herren,«.

Wissen Sie aber schon, wer zuständig ist, so nennen Sie ihn beim Namen (»Herr« oder »Frau« niemals abkürzen; die Anrede »Fräulein wird nicht mehr verwendet!), etwa:

»Sehr geehrte Frau Klugmann,«.

Hat der Betreffende einen Titel, so gehört der mit zur Anrede (meist wird dann der Name weggelassen), etwa:

»Sehr geehrte Frau Doktor,«.

Wichtig in diesem Zusammenhang ist der weitere Briefverlauf. Nach der Anrede folgt nämlich ein Komma (Ausrufezeichen ist hoffnungslos veraltet!) – daher wird das erste Wort im eigentlichen ersten Satz auch klein geschrieben (siehe Musterbrief 1).

Nicht jede Behörde benennt Ihren Chef nach bundeseinheitlichem Strickmuster. Chef bleibt er jedoch allemal – und ein Beschwerdebrief darf wegen falscher Anrede nicht einfach zu den Akten gelegt werden. Dennoch ist es natürlich besser, wenn man die richtige Anrede parat hat. So landläufig bekannten Personen wie der Bundeskanzler werden auch mit dieser Funktion angeredet (Sehr geehrter Herr Bundeskanzler), desgleichen Präsidenten und Minister. Lediglich in den kleinen

Bundesländern Berlin, Bremen und Hamburg kommen uns die Ministerpräsidenten als Präsident des Senats (Bremen), Erster Bürgermeister (Hamburg) oder Regierender Bürgermeister (Berlin) daher; die Minister sind hier Senatoren. In Städten und Gemeinden richtet sich die Anrede wiederum nach der Funktion, etwa: Sehr geehrter Herr Stadtdirektor. Analog sprechen Sie Lehrer, Schulverwaltungen, Richter, Staatsanwälte und Rechtsanwälte an.

Etwas komplizierter mutet die Anrede kirchlicher Würdenträger an. Für den Papst trifft »Euer Heiligkeit« den Kern, für Kardinäle »Hochwürdige Eminenz«, für Erzbischöfe »Exzellenz«, für Bischöfe »Bischöfliche Gnaden«. Beim Pfarrer, Kaplan, Vikar und Pater gehts nicht mehr so gnadenlos geschwollen zu, sondern wiederum nach Funktion, etwa: Sehr geehrter Herr Pfarrer.

Schluß und Anlagen

Das Ende kann in jedem Brief gleich lauten: Mit freundlichen Grüßen. Vorher sollten Sie eine Leerzeile lassen, nachher drei Leerzeilen bis zur Unterschrift. Unter Ihre Unterschrift gehört der guten Ordnung halber Ihr Name noch einmal in Druckschrift (Computer oder Schreibmaschine), da die meisten Unterschriften heutzutage nicht recht lesbar sind. Geben Sie also dem Adressaten die Chance, sich in der Antwort persönlich an Sie zu wenden.

Mancher Schriftwechsel wächst sich zu einem munteren Aktenberg aus; davon wissen zum Beispiel Bauherren ein Lied zu singen. Mitunter müssen Nachweise erbracht, Dokumente kopiert oder Fragebögen beantwortet werden. Solche Anlagen fügen Sie dem eigentlichen Brief auf gesonderten Blättern bei. Im Brief selbst verweisen Sie nur an geeigneter Stelle auf diese Anlagen. Beispiel: Bei einem Fragebogen zur Ermittlung des Einheitswertes für die Grundsteuer könnten Sie auf die Frage nach der Anzahl der Vollgeschosse bei einem Terrassenhaus antworten: hinten 1, vorne 2. Da diese Antwort im Finanzamt mit ziemlicher Sicherheit Verwirrung stiftet, fügen Sie einfach als Anlage Fotos von Vorder- und Rückfront des Hauses bei und verweisen schon im Fragebogen darauf, etwa: siehe Fotos in Anlage 1. Wichtig: Verschicken Sie niemals Originale von Dokumenten. Für den Schriftverkehr sind Kopien aller Ehren wert.

Teil A: Briefe an Behörden

2. Kapitel

Stadt- und Gemeindeverwaltung

Es gibt unheimlich viele Gelegenheiten, bei denen Sie freiwillig oder unfreiwillig (wenn Sie zum Beispiel angeschrieben werden) mit den Behörden der Wohngemeinde in Berührung kommen. Typische Fälle:

- Sie haben ein »Knöllchen« wegen Falschparkens bekommen und wollen nun dagegen angehen, weil Sie gar kein Auto besitzen (Ordnungsamt).
- Sie wollen Änderungen an Ihrem Eigenheim vornehmen und anbauen, brauchen also eine Baugenehmigung (Bauamt).
- Sie meinen, neuerdings Anspruch auf Wohngeld zu haben und wollen den entsprechenden Antrag stellen (Wohnungsamt).
- Sie erhalten die Lohnsteuerkarte fürs neue Jahr zugeschickt, aber die persönlichen Angaben stimmen nicht mehr; Sie müßten die Veränderungen jetzt melden (Einwohnermeldeamt oder Finanzamt).
- Sie sind mit dem Auto zu schnell gefahren, wurden »geblitzt« und bekommen nun die Strafe samt Überweisungsschein (Polizei).
- Sie glauben an Ihren Anspruch auf bestimmte Leistungen der Sozialhilfe, der Antrag wird jedoch abgelehnt, so daß Sie nun widersprechen möchten (Sozialamt).
- Für einen Bankkredit brauchen Sie einen beglaubigten Grundbuchauszug Ihres Grundstücks (Grundbuchamt).
- Sie haben letztens auf einer öffentlichen Parkbank ein Buch liegen lassen und würden es gern zurückhaben (Fundbüro).
- In Ihrer Familie ist jemand gestorben; Sie wollen nun eine Grabstätte auf einem bestimmten Friedhof beantragen und die Einzelheiten der Bestattung klären (Friedhofsamt oder Pfarramt).

Haben Sie Zweifel, welche Behörde für Ihr Anliegen die richtige Adresse ist, rufen Sie vorher im Rathaus, Stadtbezirks- oder Landratsamt an und erkundigen sich danach (Anschrift und Sammel-Telefonnummer stehen im örtlichen Telefonbuch, meist unter dem Stichwort »Gemeindeverwaltung«, »Stadtverwaltung« oder »Landesregierung«.

Spielregeln bei Behörden

Da nicht jeder Wunsch von Amts wegen in Erfüllung geht, ist es gut, von Anfang an die Spielregeln zu kennen. Dann wissen Sie sich auch gegen einen negativen Bescheid zu wehren. Erfahrungsgemäß kommen Sie am weitesten, wenn Sie freundlich und sachlich auftreten, sich an die Vorschriften und Abläufe halten, an die auch der zuständige Sachbearbeiter gebunden ist, und ihm, so gut es geht, mit Auskünften zuarbeiten. Wer ein Anliegen hat, und sei es nur eine Frage an die Fachleute in den Behörden, kann sich wegen einer

Auskunft

an sie wenden. Ob per Telefon, Brief oder persönlich – die Behörden sind zur kostenlosen Auskunft verpflichtet. Wer individuelle Beratung wünscht, sollte das persönliche Gespräch suchen und sich dafür am besten telefonisch anmelden. Auch das ist alles kostenlos.

Wichtig: Mit der Auskunft wird jedoch noch kein Verwaltungsakt ausgelöst; dazu bedarf es extra eines Antrags.

Antrag

Die Mühlen fangen erst an zu mahlen, wenn Sie Geld oder andere Hilfen beantragt haben. Dieser Antrag (im Verwaltungsdeutsch Eingabe) muß schriftlich vorliegen, entweder durch eines der zahllosen Formulare oder formlos als ganz normaler Brief (vergleiche Musterbrief 1). Nach einer angemesssenen Frist muß Ihr Antrag bearbeitet sein, in einfacheren Fällen innerhalb eines Monats.

Bescheid

Dann erhalten Sie schriftlichen Bescheid, der begründet sein muß. Beigefügt ist auch eine sogenannte Rechtsbehelfsbelehrung: Die klärt darüber auf, wie Sie sich gegen den Bescheid wehren können, falls Sie damit nicht einverstanden sind. Läßt der Bescheid auf Ihren Antrag lange auf sich warten, können Sie den Amtsschimmel durchaus auf Trab bringen. Sinnvoll ist es, nach zwei Wochen telefonisch nachzufragen, ob Ihr Antrag überhaupt sein Ziel erreicht hat. Dann kann man nochmals sachlich auf eine gewisse Dringlichkeit aufmerksam machen, zum Beispiel für die Baugenehmigung, wenn das Darlehen von der

Bank bereitsteht und ab sofort Bereitstellungszinsen kostet. Tut sich auch dann nichts, sollten Sie sich mündlich oder schriftlich beschweren.

Beschwerde

Die Behörde muß Ihre Beschwerde entgegennehmen und den Vorgang amtsintern prüfen. Findet sie keine Unregelmäßigkeiten, wird die Beschwerde ad acta gelegt und es passiert nichts weiter, der Vorgang wird also normal »weiterbearbeitet«.

Dauert Ihnen das alles zu lange, können Sie einen Schritt weiter gehen und sich beim Vorgesetzten Ihres Sachbearbeiters oder bei der nächst höheren Behörde beschweren (Dienstaufsichtsbeschwerde).

Dienstaufsichtsbeschwerde

Damit veranlassen Sie eine übergeordnete Prüfung der Sachlage – praktisch das letzte Mittel vor dem Rechtsweg. Fällt die zu Ihren Gunsten aus, wirft das ein ungünstiges Licht auf Ihren zuständigen Sachbearbeiter. Deshalb wirkt es manchmal schon Wunder, dem Bearbeiter gegenüber eine Dienstaufsichtsbeschwerde zu erwägen. Doch Vorsicht: Kommt es wirklich zur Prüfung (siehe **Musterbrief 2** auf der Diskette), und die bestätigt dann die Entscheidung des Sachbearbeiters, so steht der nicht nur glänzend da, sondern Sie haben keine außergerichtliche Chance mehr, sich gegen die bisherige Verschleppung Ihrer Angelegenheit zu wehren. Statt dessen müssen Sie abwarten, wann und wie der Sachbearbeiter entscheidet. Erst wenn die Entscheidung vorliegt, können Sie widersprechen bzw. klagen. Deshalb sollte man mit Dienstaufsichtsbeschwerden sorgsam umgehen.

Widerspruch

Wird Ihr Antrag hingegen ganz normal bearbeitet, fällt aber nicht wie von Ihnen erhofft aus, können Sie gegen den Bescheid Widerspruch einlegen, und zwar schriftlich und mit einer Begründung. Dazu haben Sie vier Wochen Zeit. Verstreicht diese Frist ungenutzt, wird der Bescheid rechtskräftig – alle weiteren Beschwerden sind dann sinnlos. **Wichtig:** Falls Sie Widerspruch einlegen, bleibt die getroffene Entscheidung der Behörde zunächst gültig. Haben Sie zum Beispiel gegen die

Kürzung Ihres Wohngeldanspruchs protestiert, bekommen Sie zunächst trotzdem nur den gekürzten Satz. Nach angemessener Frist erhalten Sie schriftlich den Widerspruchsbescheid. Beigefügt ist wieder eine Rechtsbehelfsbelehrung: Die klärt darüber auf, wie Sie sich gegen diesen Bescheid wehren können. Dann hilft allerdings nur noch der Gang vors Gericht (Klage).

Klage

Wer sich im Recht fühlt, kann gegen den Widerspruchsbescheid innerhalb von vier Wochen eine Klage vor dem zuständigen Gericht einreichen. Zuständig ist entweder das allgemeine Verwaltungsgericht (Sozialhilfe, Baurechtsstreitigkeiten), das Sozialgericht (Sozialversicherung, Arbeitsamt, Kriegsopferfürsorge) oder das Finanzgericht (Steuerangelegenheiten).

Für Klagen gilt: Gut Ding will Weile haben. Das Verfahren dauert nämlich meist ein Jahr oder noch länger. Das Gericht ist von Amts wegen verpflichtet, sich um die Ermittlungen zu kümmern. Dauert die Sache Ihnen aber wieder zu lange – weil Sie womöglich auf das Geld zum Leben angewiesen sind –, können Sie beim Gericht eine einstweilige Anordnung erwirken.

Einstweilige Anordnung

Diese Zwischenlösung des Gerichts verpflichtet die beklagte Behörde, Ihnen das Geld auszuzahlen, bis das Gericht beraten und seine Entscheidung getroffen hat. Beraten Sie sich jedoch gründlich mit Ihrem Anwalt, bevor eine einstweilige Anordnung beantragt wird. Denn: Entscheidet das Gericht später gegen Sie, muß das Geld zurückgezahlt werden.

Apropos Rückzahlung: Geht alles ohne Widersprüche und Gericht ab, so brauchen Sie Zuschüsse und Sachleistungen der öffentlichen Hand normalerweise nicht zurückzuzahlen (außer Darlehen, aber dafür gibt es die oft zinslos). Einzige Ausnahme: Wenn Sie sich die Hilfen mit falschen Angaben erschwindelt haben. Kommt man Ihnen auf die Schliche, heißt es nicht nur, alles wieder zurückzugeben, sondern es drohen auch saftige Strafen.

An dieser Stelle nun zu typischen Situationen – und wie Sie am geschicktesten damit fertigwerden. Die 31 wichtigsten Musterbriefe finden sich an passender Stelle, auf die anderen 269 wird nur verwiesen – sie alle sind auf der Diskette zum Buch enthalten.

Stadtverwaltung: Rund um Gebührenbescheide

Gemeinden steht nicht nur das Recht zu, Steuern zu erfinden, sondern auch Gebühren für solche Dienstleistungen wie Gas- und Stromversorgung, Wasserver- und Abwasserentsorgung, Straßenreinigung und Müllabfuhr festzusetzen. Obwohl das Kostendeckungsprinzip gilt, werden zum Teil deutlich unterschiedliche Gebühren für die gleiche Leistung an verschiedenen Orten erhoben, mitunter auch willkürlich wirkende Preissteigerungen verkündet.

Wer sich mit einem **Gebührenbescheid** partout nicht anfreunden kann, sollte vorsorglich Widerspruch einlegen (siehe S. 20, **Musterbrief 3**). Außerdem hat er das Recht, Auskunft zu verlangen. Nach Untersuchungen der Stiftung Warentest kann die Gemeinde allerdings die Auskunft über Rechtsgrundlagen ihrer Abgabenerhebung in eigenem Ermessen geben. Falls die Antwort für Sie zu mager ausfällt, können Sie Widerspruch einlegen; es steht Ihnen kostenlose Akteneinsicht zu (jedoch nicht das Recht auf Einsicht in die Kalkulationsgrundlagen). Falls das nichts fruchtet, hilft nur noch die Klage vor dem Verwaltungsgericht. Preiswerter Ausweg: Sie wenden sich an die Medien, zum Beispiel an Ihre Regionalzeitung. Dies schärft das öffentliche Bewußtsein und veranlaßt Behörden oft zum Einlenken. Die Warentester kamen in ihrer Untersuchung von 1994 zu dem Ergebnis, daß zwar jedem Bürger Auskünfte von der Behörde zu geben sind, doch wieviel Informationen und zu welchem Preis, liegt überraschenderweise im Ermessen der Kommune. Um Kosten zu sparen, empfiehlt sich zunächst eine mündliche Anfrage (persönlich in der Sprechzeit oder per Telefon). Die ist kostenlos. Bei schriftlichen Auskünften wird in der Regel eine Gebühr fällig – sozusagen als Gegenleistung für Amtshandlungen und sonstige Verwaltungstätigkeit.

Anders liegt der Fall, wenn Sie auf Verwaltungsentscheidungen reagieren, also Widerspruch einlegen, um individuelle Zahlungsmodalitäten bitten (siehe **Musterbrief 4** auf der Diskette) oder auf neue Umstände hinweisen. Dann werden keine kommunalen Gebühren für die weitere Bearbeitung fällig.

Beispiel: Ihr Haus wird an die zentrale Abwasserentsorgung angeschlossen; das kostet nicht selten 15 000 Mark und bringt das Haus-

Klaus Plumpser
Riechstraße 3
34543 Wiesenbach

Stadtverwaltung von Wiesenbach
Sturmgasse 9
34543 Wiesenbach

Wiesenbach,

Gebührenbescheid vom ...

Sehr geehrte Damen und Herren,

gegen den Gebührenbescheid vom ..... zu den Kosten für die Abwasserentsorgung, der mir am ..... zugegangen ist, lege ich hiermit Widerspruch ein.

Gemäß Stadtordnung muß für die Berechnung der Abwasserentsorgungsgebühren das Kostendeckungsprinzip angewendet werden. Dies scheint mir bei einem Preis von ..... Mark pro Kubikmeter zweifelhaft, zumal in der Nachbargemeinde nur .... Mark pro Kubikmeter verlangt werden, obwohl das Abwasser ins gleiche Klärwerk fließt.

Ich bitte Sie daher um Überprüfung des Gebührenbescheids.

Mit freundlichen Grüßen

Klaus Plumpser

Musterbrief 3: Widerspruch gegen Gebührenbescheid

haltsbudget durcheinander. Dann hilft ein Antrag auf Stundung der Gebühren (vergleiche wiederum Musterbrief 4).

Mit der Gemeindeverwaltung kommt man hin und wieder auch aus anderem Anlaß in Berührung, so im Zusammenhang mit dem Beruf (siehe Kapitel 5, »Arbeitsamt«), mit Steuerangelegenheiten (siehe Kapitel 6, »Finanzamt«), bei Zuschüssen vom Staat (Wohngeldstelle, Sozialamt, Ausbildungsförderungsamt, Versorgungsamt), Bauangelegenheiten (Bauamt), Umzug, Hochzeit, Geburt, Wehrdienst (Einwohnermeldeamt) oder wenn die öffentliche Ordnung gestört wurde (Ordnungsamt). Auch hierzu finden Sie auf der Diskette eine Vielzahl Musterbriefe, von denen hier nur die wichtigsten abgedruckt sind.

Ordnungsamt: Von Verwarnungsgeld bis Preisüberwachung

Bei leichteren Verstößen, vorwiegend im Straßenverkehr, setzt es häufig eine Verwarnung. Sie kostet zwischen 5 und 75 Mark, beim häufigen Falschparken in der Regel 30 Mark. Bei schwereren Verstößen hagelt es ein Bußgeld. Das kostet zwischen 80 und 1500 Mark und bringt im Straßenverkehr zusätzlich meist auch Punkte in der Flensburger Sünderkartei (ab 18 Punkten ist der Führerschein erst mal weg und der »Idiotentest« fällig).

Wer sich zu Unrecht bestraft fühlt, hat die Chance, gegen **Verwarnung/Bußgeld** Einspruch zu erheben. Bei Verwarnungen gilt laut ADAC: Sie müssen innerhalb einer Woche bezahlt werden; später ist die Behörde nicht mehr zur Annahme verpflichtet. Ignorieren Sie die Verwarnung stillschweigend und bezahlen nicht, wird die Angelegenheit automatisch in ein Bußgeldverfahren umgewandelt. Lediglich der schnelle Einspruch gegen Verwarnungsgeld kann diesen Schritt verhindern: schriftlich, mit Begründung und innerhalb von 7 Tagen (siehe S. 22, **Musterbrief 5**).

Doch Vorsicht: Wer seine Verwarnung mit solch einem Brief anficht, handelt sich eine Anzeige und damit auch einen (teureren) Bußgeldbescheid ein. Dagegen hilft nur noch die Klage. Doch wer riskiert schon für maximal 75 Mark einen Prozeß, dessen Kosten sich bei einer Niederlage vor Gericht wenigstens zu rund 300 Mark summieren? Autofahrer, die häufiger mit diesem Problem konfrontiert sind, finden im ADAC-Buch »Der aktuelle bundeseinheitliche Verwarnungs- und Bußgeld-Katalog« ausführlichen Rat. Sind Sie letztlich immer noch der Meinung, zu Unrecht Buße tun zu sollen, so empfiehlt sich der Ein-

Fiete Vorbild
Parkstraße 5
56765 Parkstetten

Ordnungsamt von Parkstetten
Zum Ruheweg 31
56765 Parkstetten

Parkstetten, 11. 11. 1994

Einspruch gegen Verwarnungsgeld

Sehr geehrte Damen und Herren,

am .... klemmte bei der Rückkehr zu meinem Auto ein Strafzettel hinterm Scheibenwischer (siehe Kopie in der Anlage). Wegen unberechtigten Parkens auf einem Schwerbehinderten-Parkplatz soll ich 40 Mark Verwarnungsgeld bezahlen.

Ich parkte auf diesem Parkplatz, weil ich selbst schwerbehindert bin (Ausweis-Nummer ....). Meine Parkberechtigung, die normalerweise deutlich erkennbar hinter der Frontscheibe steckt, war offensichtlich heruntergefallen. Dennoch war an der Heckscheibe das Rollstuhlfahrer-Symbol erkennbar.

Ich bitte Sie daher, die Verwarnung zurückzunehmen.

Mit freundlichen Grüßen

Fiete Vorbild

Musterbrief 5: Einspruch gegen Verwarnungsgeld

spruch gegen Bußgeld (siehe **Musterbrief 6** auf der Diskette). Wieder sollten Sie schriftlich und mit Begründung Einspruch erheben; dafür haben Sie 14 Tage Zeit (doppelt so lange wie bei einer Verwarnung). Wird der Einspruch abgelehnt, wandert die Akte zum Amtsgericht. Entweder kommt es zum Prozeß – mit dem Risiko, daß das Bußgeld für den Verkehrsverstoß auch höher ausfallen kann und zur Geldstrafe noch Flensburg-Punkte hinzukommen. Oder der Richter entscheidet ohne Verhandlung (per Beschluß) – dann darf das Bußgeld nicht höher ausfallen als im angefochtenen Bescheid. Hinzu kommen allerdings Gerichtskosten von mindestens 150 Mark.

Zu bösen Überraschungen kommt es jedes Jahr zur Urlaubszeit, wenn Heimkehrer im Briefkasten Verwarnungen oder Bußgeldbescheide finden, deren Fristen abgelaufen sind. Wer sich nachträglich dagegen wehren will, sollte innerhalb einer Woche nach Rückkehr beantragen, ihn so zu stellen, als sei die Einspruchsfrist noch nicht abgelaufen (siehe **Musterbrief 7** auf der Diskette). Bei triftigen Gründen klappt das reibungslos.

Mitunter bleibt es für Falschparker aber nicht bei einer Verwarnung, sondern der Wagen wird auch noch abgeschleppt. Polizei oder Ordnungsamt schicken eine Abschleppfirma per Verwaltungshilfe ins Rennen. Kommt es dann zu Kratzern oder Beulen am Auto, haftet die Behörde. Zwar muß der Parksünder das fällige Verwarnungsgeld und die Rechnung fürs Abschleppen bezahlen, nicht aber die Schäden am eigenen Auto (siehe **Musterbrief 8** auf der Diskette).

Ans Ordnungsamt können Sie sich auch wenden, um Mißstände beseitigen zu lassen oder sich über Belästigungen zu beschweren.

Beispiele: Lärmbekämpfung (laute Nachbarn), Umweltverschmutzung (Verbrennen von Laub), Geruchsbelästigung (ständiges Halten von Kfz bei laufendem Motor), Hygienekontrolle in Gaststätten (schmutzige Tischdecken, unsauberes Geschirr), Lebensmittelkontrolle (Verkauf überlagerter Waren), Preisüberwachung (fehlende oder irreführende Preisschilder). Häufiger Zankapfel sind Mitmenschen, die sich nicht durch gute Worte davon abbringen lassen, ihre Nachbarn unmittelbar an ihrem Privatleben teilhaben zu lassen – meist durch heftige Geräusche aller Art. Wird dies zum Dauerzustand, kann man sich durchaus erfolgreich dagegen wehren (siehe S. 24, **Musterbrief 9**).

Mitunter ärgert man sich auch beim Einkauf, zum Beispiel, wenn das Kilo Weintrauben am Eingang des Supermarktes mit 2,99 Mark angepriesen wird, Sie dann beim Wiegen im Geschäft plötzlich 4,99 Mark

Monika Schlaflos
Lärmgasse 9
89098 Lautertal

Ordnungsamt von Lautertal
Alte Schmiede 14
89098 Lautertal

Lautertal,

Beschwerde wegen Lärmbelästigung

Sehr geehrte Damen und Herren,

hiermit möchte ich mich über den unzumutbaren Lärm meiner Nachbarn .... (Name, Anschrift) beschweren, weil ich mir keinen anderen Rat mehr weiß.

Seit die Familie hierher zog, gibt es immer wieder Anlaß zu Auseinandersetzungen, weil die Nachbarn es an Rücksicht fehlen lassen. Wir sind zwar von Hause aus nicht überempfindlich, doch hin und wieder baten wir uns im Gespräch Ruhe aus. Das fruchtete meist für den Moment, wurde bei nächster Gelegenheit jedoch wieder ignoriert.

Besonders störend wirkt es, daß beinahe jeden Sonntag nachmittag eine Kreissäge betrieben wird. Auch scheint der uralte Rasenmäher lauter als die erlaubten 100 Dezibel zu sein. Hinzu kommt, daß samstags bis weit nach 22 Uhr laute Musik und Gespächsfetzen zu uns herüberdringen, die das Wohlbefinden empfindlich stören.

Wir bitten Sie daher, auf amtlichem Wege für Ruhe und Ordnung zu sorgen. Vielleicht hilft ja eine Geldbuße.

Mit freundlichen Grüßen

Monika Schlaflos

Musterbrief 9: Beschwerde wegen Lärmbelästigung

bezahlen sollen. Dies ist unlautere Werbung – dafür hat zum Beispiel der Verbraucherschutzverein ein offenes Ohr (Adresse am Ende des Buches), der in aller Regel den Händler abmahnen wird. Klärt sich der Sachverhalt nicht im Gespräch mit dem Händler auf, hilft ein Hinweis an die Preisüberwachung im Ordnungs- oder Gewerbeaufsichtsamt (siehe **Musterbrief 10** auf der Diskette). Der gleiche Weg empfiehlt sich, wenn Ihnen hygienische Mängel im Wohngebiet (Rattenplage, siehe **Musterbrief 11** auf der Diskette), in einem Restaurant, beim Fleischer, im Tante-Emma-Laden oder beim Bäcker auffallen (siehe **Musterbrief 12** auf der Diskette). Ärgert Sie eine Nachlässigkeit der Stadtverwaltung bei öffentlichen Straßen und Wegen, die Sie direkt betrifft, so ist wiederum das Ordnungsamt die richtige Adresse.

Beispiele: Ein Straßenschild ist veraltet und muß geändert werden (siehe **Musterbrief 13** auf der Diskette) oder der Straßenzustand läßt sehr zu wünschen übrig (siehe **Musterbrief 14** auf Diskette). Wer als Hauseigentümer einen Baum fällen will, sollte sich vorsorglich auch an das Ordnungsamt wenden, denn meist brauchen Sie dafür eine Genehmigung (siehe **Musterbrief 15** auf Diskette).

Wohnungsamt: Von Berechtigungsschein bis Wohngeld

Wohnungen sind in vielen Gegenden Mangelware, und wenn bezahlbar, dann doppelt rar. Ideal wäre eine Sozialwohnung. Diese Wohnungen sind preiswerter als frei vermieteter Wohnraum, weil der Vermieter sich neuerdings am unteren Ende der örtlichen Vergleichsmiete orientieren muß. Als Ausgleich dafür stehen ihm großzügige öffentliche Fördermittel offen. Solche vergleichsweise preiswerten Wohnungen sollen sozial Bedürftigen zukommen. Deshalb hat der Staat Obergrenzen für das Einkommen des potentiellen Mieters gezogen, die 1994 erhöht wurden. Eine Sozialwohnung steht Ihnen zu, wenn Ihr Einkommen als Alleinstehender im Jahr 23 000 Mark nicht übersteigt. Bei drei Personen sind beim Abschluß des Mietvertrages höchstens 41 400 Mark zugelassen, und für jeden weiteren mitwohnenden Angehörigen 8 000 Mark. Als Jahreseinkommen gilt das Bruttoeinkommen abzüglich Kindergeld, Wohngeld, Krankenversicherungsbeiträge, Arbeitslosengeld, Weihnachtsfreibetrag, steuerfreie Zuschläge für Feiertags- und Nachtarbeit, Arbeitnehmerfreibetrag, Kinderzulagen und vermögenswirksame Leistungen. Der Anspruch auf Sozialmiete im betreffenden Haus währt auch innerhalb der Einkommensgrenzen nicht ewig, sondern endet spätestens, wenn die öffentliche Förderung ausläuft. Im Extremfall läßt sich damit die Hälfte der Miete einsparen, die für frei finanzierten Wohnraum zu zahlen ist.

Voraussetzung ist neben der Einkommensbescheinigung auch ein sogenannter Wohnberechtigungsschein (WBS). Den müssen Sie beim Wohnungsamt beantragen (vergleiche **Musterbrief 16** auf der Diskette). Noch besser: Sie lassen sich vom Arbeitgeber Ihr Einkommen bescheinigen und sprechen persönlich beim Wohnungsamt vor. Dann kriegen Sie den WBS erfahrungsgemäß gleich mit und damit bescheinigt, wieviel Räume Ihnen je nach Familiensituation maximal zustehen. Er begründet keinerlei Anspruch auf eine bestimmte oder generell eine Wohnung, sondern ist lediglich allgemeine Bedingung, um in eine Sozialwohnung einziehen zu können. Der Schein ist ein Jahr gültig.

Mieter, die im Verhältnis zu ihrem Einkommen überdurchschnittlich viel Geld fürs Wohnen ausgeben müssen, haben Anspruch auf Wohngeld. Eigentümer haben denselben Anspruch (heißt aber Lastenzuschuß), wenn sie in einer Eigentumswohnung oder im Eigenheim leben. Wer ein Mehrfamilienhaus besitzt und darin eine Wohnung nutzt, für den kommt Wohngeld in Betracht. Den Antrag nimmt die Wohngeldstelle Ihres Wohnungsamtes entgegen (vergleiche **Musterbrief 17** auf der Diskette). Die Höhe hängt von der Familiengröße, dem Nettoeinkommen und den zuschußfähigen Wohnkosten ab. Alles in allem eine komplizierte Rechnung, die von Bundesland zu Bundesland unterschiedlich ist (wegen unterschiedlicher Mietstufen in den Gemeinden) und in den neuen Ländern für eine Übergangszeit bis Ende 1995 noch anders gehandhabt wird (dort sind auch Heiz- und Warmwasserkosten wohngeldfähig). Gezahlt wird maximal für ein Jahr, dann muß ein neuer Antrag gestellt werden. Geld gibt es ein oder zwei Monate im voraus.

Mitunter läßt die Prüfung des Wohngeldantrages auf sich warten. Ein Erinnerungsbrief empfiehlt sich vor allem dann, wenn es zwischenzeitlich eng mit dem Haushaltsgeld wird (siehe **Musterbrief 18**).

Kommt der Wohngeldbescheid endlich ins Haus, herrscht nicht immer eitel Sonnenschein. Mitunter haben Sie mit mehr Geld gerechnet, aber das wohngeldrelevante Einkommen unterschätzt. Oder die Wohngeldstelle hat Ihnen zustehende Freibeträge nicht berücksichtigt. Da die Berechnung nur auf den ersten Blick einfach scheint, sind Widersprüche häufig angebracht. Wichtig: Gegen den Bescheid kann

Helga Blank
Schmalstraße 17
22324 Wohnroth

Wohnungsamt von Wohnroth
Krämerstraße 67
22324 Wohnroth

Wohnroth,

Wohngeldantrag vom ....

Sehr geehrte Damen und Herren!

Am .... habe ich bei Ihnen einen Wohngeldantrag abgegeben. Bis heute warte ich vergeblich auf eine Mitteilung, ob und wann ich mit dem Zuschuß rechnen kann.

Da ich, wie Sie meinem Antrag und den beigefügten Gehaltsbescheinigungen entnehmen können, sehr dringend auf das Wohngeld angewiesen bin, bitte ich Sie, den Antrag so schnell wie möglich zu bearbeiten. Falls Sie den Antrag aufgrund fehlender Angaben nicht weiterbearbeiten können, geben Sie mir möglichst schnell Bescheid, damit ich von meiner Seite alles unternehmen kann, um die Bearbeitung zu beschleunigen.

Für einen telefonischen Zwischenbescheid wäre ich Ihnen sehr verbunden. Ich bin tagsüber unter .... zu erreichen.

Mit freundlichen Grüßen

Helga Blank

Musterbrief 18: Ausbleibender Wohngeldbescheid

Widerspruch nur innerhalb eines Monats eingelegt werden (siehe **Musterbrief 19** auf der Diskette).

Sozialamt: Von besonderem Bedarf bis Erlaß der Rundfunkgebühr

Anspruch auf Sozialhilfe hat jeder, der in Not gerät und sich nicht von allein oder mit Hilfe seiner Kinder und Eltern daraus befreien kann (im Extremfall lebenslang). Sie wird als persönliche Hilfe, Geldleistung oder Sachleistung gewährt; sie ist immer als Hilfe zur Selbsthilfe gedacht, um sozial nicht unter das Existenzminimum zu fallen. Über 30 verschiedene Hilfen kommen in Betracht, die entweder laufend, einmalig oder nur in besonderen Lebenslagen in Anspruch genommen werden können (Antrag siehe **Musterbrief 20** auf der Diskette; Widerspruch gegen den Bescheid siehe **Musterbrief 21** auf der Diskette).

Laufende Hilfe ist die häufigste Form der Sozialhilfe. Damit wird alles finanziert, was zum täglichen Leben notwendig erscheint: Ernährung, Unterkunft, Kleidung, Körperpflege, Hausrat, Heizung, persönliche Bedürfnisse. Dafür wird vom Staat eine bestimmte Geldsumme (Regelsatz) festgesetzt und regelmäßig aktualisiert. Der Regelsatz schwankt leicht von Bundesland zu Bundesland; er beträgt für Erwachsene rund 500 Mark (Haushaltsvorstand) und für Kinder mindestens die Hälfte davon im Monat. Für bestimmte Leute gewährt der Staat einen Zuschlag auf den Regelsatz, häufig 20 bis 60 Prozent mehr. So gibt es Mehrbedarf für Alleinerziehende, Behinderte ab 15, für Diät- und Schonkost, für Erwerbstätige, Erwerbsunfähige unter 60, Personen ab 60, Tuberkulose-Kranke, werdende Mütter.

Wem die laufende monatliche Geldleistung unter Umständen vorübergehend nicht reicht, kann zusätzlich eine einmalige Zuwendung beantragen. Damit wird manches finanziert, was über das tägliche Leben hinaus notwendig ist, mitunter auch plötzliche und unerwartete Kosten. Beispiele: Bekleidungshilfe, Hausratshilfe, Heizungshilfe, Hilfe für persönliche Bedürfnisse, Notlagenhilfe. Mitunter wird die einmalige Hilfe auch gewährt, wenn man keine laufende Hilfe zum Lebensunterhalt erhält.

In besonderen Lebenslagen hilft das Sozialamt, wenn Sie keine laufende Hilfe zum Lebensunterhalt bekommen, aber nun plötzlich eine Notsituation meistern müssen, also zum Beispiel die Miete nicht mehr aufbringen können und deshalb die Wohnung gekündigt bekommen (siehe **Musterbrief 22** auf der Diskette). Andere besondere Lebenslagen können sein: Aufbau oder Sicherung der Existenzgrundlage, vorbeugende Gesundheitshilfe, Krankenhilfe, Hilfe zur Familienplanung, Hilfe bei Schwangerschaft oder bei Sterilisation, Hilfe zur Familienplanung, Hilfe für werdende Mütter und Wöchnerinnen, Eingliederungshilfe für Behinderte, Blindenhilfe, Hilfe zur Pflege, Hilfe zur Weiterführung des Haushalts, Hilfe zur Überwindung besonderer sozialer Schwierigkeiten, Altenhilfe.

Achtung: Auf Sozialhilfe gibt es nicht immer einen Rechtsanspruch. Je nach individueller Situation und Kassenlage der Gemeinde wird unterschieden nach sogenannten Ist-Hilfen mit Rechtsanspruch (zum Beispiel laufende Hilfe zum Lebensunterhalt), Soll-Hilfen mit Beinahe-Rechtsanspruch (zum Beispiel einmalige Hilfen zum Lebensunterhalt) und Kann-Hilfen ohne Rechtsanspruch (zum Beispiel Hilfe zum Aufbau oder zur Sicherung der Existenzgrundlage für Arbeitslose, die sich selbständig machen wollen, oder für Selbständige, deren Geschäft wirtschaftlich gefährdet ist).

Die Höhe ist vom Einzelfall abhängig, zumal Sozialhilfe nur gewährt wird, wenn alle anderen Möglichkeiten wie Rente, Ersparnisse über 2 500 Mark, Vermögen an Grund und Boden oder Unterhaltszahlungen zwischen Kindern und Eltern ausgeschöpft sind. Wer bislang ohne Sozialhilfe ausgekommen ist, doch mit einer weiter verschlechterten persönliche Situation leben muß, sollte sich nicht vor einem Antrag scheuen (siehe Musterbrief 20 auf der Diskette). Wer schon Sozialhilfe bekommt, aber über den Alltag hinaus besonderen Bedarf hat (zum Beispiel Einschulung des Kindes), kann Extra-Leistungen beantragen (siehe **Musterbrief 23** auf der Diskette).

Die Leistungen des Sozialamtes sind für Bedürftige so vielfältig, daß der Platz hier nicht ausreicht, alles aufzuzählen. Insbesondere Menschen mit gesundheitlicher Beeinträchtigung erfahren weitgehende Unterstützung. Nur ein kleines Beispiel: die Befreiung von Rundfunkgebühren (siehe **Musterbrief 24** auf der Diskette). Wer stark behindert ist (Stempel RF im Schwerbehindertenausweis) oder sehr wenig verdient, braucht nämlich keine Rundfunkgebühren zu zahlen. Dies betrifft Blinde, Sehbehinderte mit wenigstens 60 Prozent geminderter Erwerbsfähigkeit, andere Behinderte mit wenigstens 80 Prozent geminderter Erwerbsfähigkeit, Gehörlose, Sozialhilfeempfänger mit Anspruch auf Hilfe zur Pflege, aber auch gesunde Wenigverdiener (etwa bis 750 Mark monatlich). Im Zweifelsfall sollten Sie beim Sozialamt vorsprechen und sich beraten lassen.

Andere »Geldämter«: Von BAföG bis Sold-Zulagen

Für Geldleistungen sind auch andere Ämter zuständig, so das Amt für **Ausbildungsförderung** für die Unterstützung von Studenten und mitunter auch von Schülern (nur wenn sie nicht mehr zu Hause wohnen können) ab Klasse 10. Bei Studenten gilt: Der Zuschuß beträgt höchstens 1000 Mark im Monat, meist abhängig vom Einkommen der Eltern. Unabhängig vom Einkommen der Eltern gibt es das Geld für alle, die vor dem Studium mindestens fünf Jahre oder nach einer Berufsausbildung mindestens drei Jahre gearbeitet haben. BAföG ist zur einen Hälfte kostenlos; die andere Hälfte ist ein zinsloser Kredit, der später zurückgezahlt werden muß. Den Antrag (siehe S. 31, **Musterbrief 25**) nimmt das Amt für Ausbildungsförderung des zuständigen Studentenwerkes entgegen (meist am Studienort).

Übrigens: BAföG gibt es ab dem ersten Studientag für ein Jahr. Dann ist ein erneuter Antrag nötig. Wer seinen Zulassungsbescheid fürs Studium in der Tasche hat, sollte sofort BAföG beantragen, da es nicht rückwirkend gezahlt wird. Maximal gibt es den Zuschuß 12 bis 13 Semester (Regelstudienzeit). Für die Rückzahlung des Kreditteils gilt: Sie beträgt 200 Mark im Monat und beginnt fünf Jahre nach Ende der Regelstudienzeit. Wer die jeweilige Rate über 45 Tage hinaus schuldig bleibt, muß mit 6 Prozent Verzugszinsen rechnen.

Anders beim Schüler-BAföG: Hier muß nichts zurückgezahlt werden. Allerdings kommen auch nur solche Schüler in den Genuß, die ihre Ausbildungsstätte nicht von der elterlichen Wohnung erreichen können und sich so eine Bleibe am Schulort gesucht haben. In Betracht kommt Schüler-BAföG für Besucher von allgemeinbildenden Schulen ab Klasse 10, für Schüler an medizinischen, Kindergärtnerinnen-, technischen, künstlerischen und Verwaltungs-Fachschulen und an Abendschulen. Zuständig ist das kommunale Amt für Ausbildungsförderung. Es gewährt zwischen rund 300 und 700 Mark im Monat.

Geldleistungen erbringt auch das Versorgungsamt, sofern anderweitig niemand zuständig ist. Beispiel **Kriegsopferversorgung**. Wer durch Kriegseinwirkung gesundheitliche Schäden erlitten hat, die bis heute nachwirken, oder Hinterbliebener solcher Menschen (wenn sie an den Folgen des Schadens starben) ist, hat Anspruch auf Heil- und Krankenbehandlung sowie auf Geldleistungen zur Sicherstellung des Lebensunterhalts und als Ersatz schädigungsbedingter Mehraufwendungen (statt Sozialhilfe). Dazu zählen für Beschädigte eine Grund-

Knut Pfiffig
Klopstockstraße 25
22328 Wissingen

Studentenwerk von Wissingen
- Amt für Ausbildungsförderung -
Schlagende Verbindung 29
22328 Wissingen

Wissingen,

Antrag auf BAföG

Sehr geehrte Damen und Herren,

hiermit stelle ich den Antrag auf Leistungen nach dem Bundesausbildungsförderungsgesetz (BAföG) ab 1. ....
Ich habe den Zulassungsbescheid für die Ausbildung an der Universität ....,
Fachrichtung ....
erhalten.

Bitte schicken Sie mir umgehend die nötigen Formulare.

Mit freundlichen Grüßen

Knut Pfiffig

Musterbrief 25: Antrag auf BAföG

rente (ab 25 Prozent geminderter Erwerbsfähigkeit), eine zusätzliche Ausgleichsrente (ab 50 Prozent geminderter Erwerbsfähigkeit) und gegebenenfalls Berufsschadensausgleich (42,5 Prozent des Verdienstausfalls). Anspruch haben nicht nur Soldaten der Wehrmacht, Kriegsgefangene, Flüchtlinge oder Vertriebene. In der Gegenwart betrifft es auch Menschen, die durch militärische Aktivitäten in Friedenszeiten zu Schaden kommen (zum Beispiel Tieffluggeschädigte), durch Munition aus dem Zweiten Weltkrieg verletzt werden (zum Beispiel beim Tritt auf eine Granate im Wald beim Pilzesammeln) oder beim Versuch, die Grenzsperren der DDR zu überwinden, zu Schaden kamen (Antrag siehe **Musterbrief 26** auf der Diskette). Die Grundrente gibt es in 8 Stufen, von 30 Prozent geminderter Erwerbsfähigkeit an bis 100 Prozent. Das entspricht einer monatlichen Grundrente von etwa 200 Mark bis etwa 1 000 Mark. Hinterbliebene bekommen eine monatliche Grundrente von rund 600 Mark. Übrigens: Die Grundrente wird unabhängig von sonstigem Einkommen und Vermögen gezahlt.

Auch beim Dienst in der **Bundeswehr** oder beim **Wehrersatzdienst** kann es mehr Geld geben als allgemein bekannt ist. Wer zum Grundwehrdienst einberufen wird oder Zivildienst leistet, bekommt bekanntlich Sold. Zusätzlich gibt es auf Antrag Sold-Zulagen für den Betroffenen: Weihnachtsgeld (450 Mark), Beitragszahlungen für Vorsorgeaufwendungen (voll), Mietbeihilfe, Wirtschaftsbeihilfe für Selbständige sowie Entlassungsgeld (1800 Mark). Für Angehörige gibt es ebenfalls Zulagen: Unterhalt für die Ehefrau (mindestens 30 Prozent mehr als der Regelsatz der Sozialhilfe, maximal 60 Prozent des letzten Einkommens des Mannes vor der Einberufung) und jedes Kind (12 Prozent des letzten Einkommens), besondere Zuwendung im Dezember (Ehefrau 390 Mark, jedes Kind 50 Mark) und Überbrückungsgeld bei der Entlassung (700 Mark für die Frau, 200 Mark für jedes Kind).

Achtung: Zuständig für Sold-Zulagen, Weihnachtsgeld und Entlassungsgeld sind bei Grundwehrdienstlern die Bundeswehr, bei Zivildienstlern das Wehrersatzamt (siehe **Musterbrief 27** auf der Diskette). Für Unterhalt und andere Beihilfen sowie die Beitragszahlungen für Vorsorgeaufwendungen ist das Sozialamt zuständig.

Bevor der Wehrdienst ruft, werden die Kandidaten auf ihre Tauglichkeit hin gemustert. Sind Sie mit dem Ergebnis dieses Tests nicht einverstanden, etwa weil ein ernsthaftes Leiden nicht berücksichtigt wurde, so sollte dem Musterungsbescheid sofort widersprochen wer-

den (siehe **Musterbrief 28** auf der Diskette). Achten Sie unbedingt auf die dafür vorgesehene Frist, die im Bescheid ausgewiesen ist. Gab es an der Musterung nichts auszusetzen, kann eines Tages der Einberufungsbescheid im Briefkasten liegen und die nächsten Pläne gehörig über den Haufen werfen. Liegen ernsthafte Gründe vor, etwa die Gefährdung Ihrer Berufsausbildung, sollten Sie umgehend widersprechen und eine Zurückstellung vom Wehrdienst fordern (siehe S. 34, **Musterbrief 29**).
Wer aus Gewissensgründen den Dienst mit der Waffe ganz und gar ablehnt, kann sich vom Wehrdienst befreien lassen und einen drei Monate längeren Zivildienst antreten. Den Wunsch sollten Interessenten bereits bei der Musterung kundtun und entsprechende Formulare vom Wehrersatzamt anfordern (siehe **Musterbrief 30** auf der Diskette). Das Bundesamt für den Zivildienst (Adresse am Ende des Buches) entscheidet innerhalb von zwei bis vier Monaten über den Antrag und den Einsatz.

Bauamt: Rund um Baugenehmigungen

Bauherren haben es nicht leicht. Die Jagd nach preiswertem Grund und Boden, Bauteilen, Architekt und Kredit sowie gegebenenfalls seriösem Bauträger oder Makler ist nicht alles. Zwischendurch pocht auch die Baubehörde immer wieder auf ihr Recht. Um sich im Labyrinth des Baurechts nicht zu verirren, hier ein kleiner Exkurs mit den häufigsten Situationen.

Wenn ein geeignetes Grundstück in Aussicht steht, sollten Sie vor dem Kauf prüfen, ob es im Bereich des sogenannten Bebauungsplans liegt, der von jeder Gemeinde als Satzung beschlossen wird und unmittelbar das regionale Baurecht darstellt. Wenn ja, sieht es gut für die Baugenehmigung aus. Wenn nicht (sogenannter Außenbereich), wird es nur im Ausnahmefall klappen. Für diese Prüfung hilft kein Musterbrief, sondern nur der Blick mit eigenen Augen in den Bebauungsplan. Eigenheimbauer haben gute Aussichten in folgenden Baugebieten: reine Wohngebiete (WR), allgemeine Wohngebiete (WA), besondere Wohngebiete (WB), Dorfgebiete (MD) und Mischgebiete (MI). Im Bebauungsplan steht auch, wieviel Fläche höchstens bebaut und wieviel Stockwerke (Geschoßzahl zum Beispiel I für ein Vollgeschoß) errichtet werden dürfen. Hinter dem geheimnisvoll anmutenden Kürzel GrZ 0,4 verbirgt sich die Auflage, daß höchstens 40 Prozent des

Andreas Weigerer
Pazifistenstraße 27
23329 Friedewald

Wehrersatzamt von Friedewald
Horchstraße 4
23329 Friedewald

Friedewald,

Zurückstellung vom Wehrdienst, Einberufungsbescheid vom
……………………………..

Sehr geehrte Damen und Herren,

mit oben näher bezeichnetem Einberufungsbescheid, der mir am …………….. zugegangen ist, rufen Sie mich zur Bundeswehr (Wehrpaßnummer ………………).

Ich beantrage, bis zum ………………….. vom Wehrdienst zurückgestellt zu werden.

Erst zu diesem Zeitpunkt endet mein Lehrverhältnis als Auszubildender bei der Firma ……………………… Eine beglaubigte Kopie des Ausbildungsvertrages ist beigefügt. Danach möchte ich unbedingt noch mindestens ein weiteres Jahr dort arbeiten. Immerhin hat die Firma signalisiert, mich nach der Ausbildung zu übernehmen. Dies wäre durch die Einberufung zum Ende der Lehre gefährdet.

Mit freundlichen Grüßen

Andreas Weigerer

Musterbrief 29: Zurückstellung vom Wehrdienst

Gesamtgrundstücks überbaut werden dürfen. GfZ 0,3 bedeutet, daß maximal 30 Prozent Geschoßfläche erlaubt sind. Zudem werden häufig vorgeschrieben: Dachneigung, Firsthöhe, Gesamthöhe, Gestaltung von Dachfläche und -form sowie der Außenfassade, Art der Heizungsanlage und vieles mehr.

Bleiben nach Einsicht in den Bebauungsplan noch Zweifel, ob sich Ihre Vorstellungen überhaupt verwirklichen lassen, so empfiehlt sich eine Bauvoranfrage (siehe S. 36, **Musterbrief 31**).
Die Bauvoranfrage mündet in einen Bauvorbescheid, der verbindlich festlegt, was am Bau erlaubt ist und was nicht. Dieses »kleine Genehmigungsverfahren« hat den Vorteil, daß noch nicht komplette Unterlagen wie beim Bauantrag eingereicht werden müssen und Sie sich ganz auf die zweifelhaften Punkte konzentrieren können. Und es bietet die Gewähr, beim späteren »richtigen« Baugenehmigungsverfahren keine bösen Überraschungen zu erleben. Der Vorbescheid kostet zwischen 50 und 3000 Mark, bei typischen Einfamilienhäusern rund 600 Mark. Soviel Geld sollten Sie im Zweifel schon ausgeben, ehe Sie womöglich das falsche Grundstück kaufen.

Fällt der Vorbescheid zur Zufriedenheit aus, steht dem Kauf nichts mehr im Wege. Pocht die Bauaufsicht auf Veränderungen Ihrer ursprünglichen Vorstellungen vom Traumhaus, so bleibt nur, den Bebauungsplan der Gemeinde mit einem Experten (Architekt oder Bauingenieur) auf Lücken zu durchforsten, um einen guten Grund für eine Ausnahmegenehmigung in Ihrem Fall zu erwirken (siehe **Musterbrief 32** auf der Diskette). Je komplizierter die Lage vor Ort, desto größer die Aussicht auf Erfolg, aber nur mit kompetenter Hilfe! Bleibt die Ausnahmegenehmigung aus, können Sie zwar widersprechen und auch vors Verwaltungsgericht gehen; allein das Grundstück dürfte dann längst ein anderer gekauft haben.

Der Kaufvertrag ist unterschrieben (Notar) und die Finanzierung in Angriff genommen (Bank): Jetzt ist die Zeit für den eigentlichen Bauantrag gekommen (Bauamt). Für den Antrag sollten Sie unbedingt einen Architekten oder Bauingenieur hinzuziehen, da der Antrag von einem solchen »bauvorlageberechtigten Entwurfsverfasser« mit zu unterzeichnen ist (siehe **Musterbrief 33** auf der Diskette). Das Genehmigungsverfahren ist in der jeweiligen Landesbauordnung geregelt. Mehrere Länder wollen in absehbarer Zeit für Ein- und Zweifamilienhäuser auf eine förmliche Baugenehmigung verzichten und nur noch einen detaillierten Bauplan fordern. Am besten, Sie fragen in der Bau-

Franciska Wühle
Buddelplatz 31
24329 Bauhof

Bauamt von Bauhof
Am Graben 9
24329 Bauhof

Bauhof,

Bauvoranfrage

Sehr geehrte Damen und Herren,

hiermit stelle ich eine Bauvoranfrage zum Terrassen-Grundstück ………….. ………………

Aus dem Bebauungsplan ergibt sich für mich noch nicht eindeutig, was wegen der Terrassenlage als Vollgeschosse gemeint ist und welche Freiheiten bei der Gestaltung von Dach und Fassade möglich sind.

Mit meiner Architektin, Frau ……………………., habe ich den Bauentwurf skizziert, außerdem Einzelheiten der Baubeschreibung beigefügt und auch den Lageplan des Grundstücks samt Kataster-Auszug anfertigen lassen (siehe Kopien in der Anlage).

Ehe ich weiter investiere und womöglich kaufe, erteilen Sie mir bitte einen verbindlichen Bauvorbescheid, der dann für ein eventuelles Baugenehmigungsverfahren gültig ist.

Mit freundlichen Grüßen

Franciska Wühle

Musterbrief 31: Bauvoranfrage

behörde, welche Vorlagen zusammen mit dem Bauantrag eingereicht werden müssen. Laut Stiftung Warentest müssen in der Regel zusammen mit dem Bauantrag vorgelegt werden:

- Übersichts- und Lageplan,
- Bauzeichnung
- Baubeschreibung
- Nachweis der Standsicherheit sowie die anderen bautechnischen Nachweise
- Darstellung der Grundstücksentwässerung
- Berechnung des umbauten Raumes
- Berechnung der Wohn- und Nutzfläche.

Nach etwa zwei Monaten hat die Bauaufsicht in der Regel über Ihren Antrag entschieden. Wird die Baugenehmigung erteilt, so kann der Bau endlich beginnen. Wird der Antrag jedoch abgelehnt, so hängt das weitere Vorgehen vom Grund der Ablehnung ab. Gehen Sie gemeinsam mit dem Architekten die Unterlagen noch einmal durch, ziehen Sie leichte Veränderungen in Betracht, aber notfalls auch einen Rechtsstreit (Kosten überschlagen; Rechtsschutzversicherung springt bei Bauvorhaben nicht ein!). Kommen Sie zu dem Schluß, daß die Ablehnung Ihres Bauantrages nicht haltbar sein dürfte, sollte innerhalb eines Monats widersprochen werden (siehe **Musterbrief 34** auf der Diskette).

Können Sie die Auflage zu leichten baulichen Veränderungen akzeptieren (und sich finanziell leisten), so empfiehlt sich eine Überplanung, auch Tektur genannt. Damit wird die eingereichte Planung in Teilbereichen geändert und – hoffentlich – im zweiten Anlauf genehmigungsfähig gemacht (siehe **Musterbrief 35** auf der Diskette). Die Tektur ist auch der richtige Weg, wenn sich in dieser Phase die Vorstellungen des Bauherrn ändern.

Vorteil: Bearbeitungskosten lassen sich deutlich verringern, da nur teilweise Änderungen beantragt werden. Anderenfalls müßte die gesamte ursprüngliche Planung kostenpflichtig zurückgezogen und ein neuer Bauantrag gestellt werden.

Wenn das Haus endlich fertig ist, müssen sich Bauherren in der Regel eine Verschnaufpause gönnen. Nach einiger Zeit wünschen sich viele jedoch hier eine bauliche Veränderung oder dort einen An- oder Umbau. Solche nachträglichen Arbeiten erfordern zumeist wieder eine Baugenehmigung (siehe **Musterbrief 36** auf der Diskette). Faustregel: Alles, was den Gesamteindruck des Anwesens verändert, muß vorher genehmigt werden. Aber auch »unsichtbare« Arbeiten, wie das Verlegen von Rohren, sind nur mit Genehmigung der Baubehörde erlaubt. Wer sich darüber hinwegsetzt, muß mit erheblichen Strafen rechnen. Im Extremfall droht sogar der Abriß der »Schwarzbauten« auf eigene Kosten.

3. Kapitel

Polizei und Staatsanwaltschaft

Die Polizei muß sich häufig als Freund und Helfer erweisen, wenn jemand in Not ist. In eiligen Fällen ist Notrufnummer 110 im wahrsten Sinne des Wortes der kürzeste Draht. Bei den häufigeren kleinen Ärgernissen des Alltags reicht oft schon ein Zeichen, etwa mit einem Brief, um Mißstände zu beseitigen. Angebracht ist es vor allem dann, wenn Gespräche unter den Beteiligten nichts bewirkt haben.

Anzeigen

Wenn allerdings Rowdies die öffentliche Ordnung in Ihrem Wohngebiet empfindlich stören, sollten Sie auf das »Gespräch« verzichten und unverzüglich die Polizei einschalten, also Anzeige erstatten (siehe **Musterbrief 37** auf der nächsten Seite).

Da Anzeigen in anderen Situationen sogar vorgeschrieben sind, um eigene Ansprüche aufrechtzuerhalten (zum Beispiel Wohnungseinbruch, Raub oder Autodiebstahl), sollten Sie keine Skrupel haben, zur Polizei zu gehen. Kriminelle kennen ja auch keine Rücksicht. Falls bekannt, können Sie die Anzeige auch an die zuständige Staatsanwaltschaft richten, etwa bei Autodiebstahl (siehe **Musterbrief 38** auf der Diskette) oder Körperverletzung (siehe **Musterbrief 39** auf der Diskette). **Wichtig:** Die Ermittlungsbehörden verfolgen dabei den Straftatbestand und bringen die Täter gegebenenfalls vors Gericht, das den Fall nach der Strafprozeßordnung verhandelt. Damit ist aber Ihr eigentlicher Schaden, also das geklaute Auto, Verdienstausfall und Schmerzensgeld nach Körperverletzung, nicht beglichen. Hier müssen Sie selbst aktiv werden und Schadensersatz fordern. Am besten betrauen Sie auf kürzestem Wege einen Anwalt mit diesen »zivilrechtlichen Interessen«.

Günter Schmalbrust
Dunkle Gasse 37
25329 Krachsheide

Polizeidienststelle Krachsheide
Haftstraße 4
25329 Krachsheide

Krachsheide,

Anzeige

Sehr geehrte Damen und Herren,

hiermit erstatte ich Anzeige gegen .... wegen Beleidigung und Gewaltandrohung.

Seit mehreren Tagen terrorisieren .... und seine »Freunde« Passanten und Anwohner der .... durch illegales Absperren des Weges und lassen nur Leute durch, die »Wegezoll« entrichten. Mich haben die Jugendlichen zum Beispiel »halbe Portion« genannt und ohne jeden Grund durchgeschüttelt.

Ich bitte Sie, der Sache schnellstens nachzugehen und mir die Tagebuchnummer bzw. das Aktenzeichen des Vorgangs mitzuteilen.

Mit freundlichen Grüßen

Günter Schmalbrust

Musterbrief 37: Anzeige wegen Störung der öffentlichen Ordnung

Auch wenn weniger kriminelle Energie am Werke war und kein direkter Schaden entstanden ist, kann eine Anzeige als Denkzettel wirken. Ordnungswidrigkeiten wie eine zugeparkte Einfahrt sind nicht nur rücksichtslos, sondern behindern andere Menschen massiv. Betroffene sollten sich unbedingt dagegen wehren (siehe **Musterbrief 40** auf der Diskette), ehe solche schlechten Sitten endgültig einreißen.

Hinweise, Genehmigungen, Beschwerden

Mitunter kann die Polizei aber auch helfen, ohne daß es gleich zur Anzeige kommt. Beispielsweise, wenn Sie den Beamten den Tip geben, daß Ihre Wohngebietsstraße statt mit Tempo 30 neuerdings samstag abends mit Tempo 80 (geschätzt) genutzt wird. Für diesen Hinweis auf Gefahr (siehe **Musterbrief 41** auf der Diskette) hat die Polizei bestimmt ein offenes Ohr.

Sollen aus dringendem Grund die Verkehrsregeln für Sie zeitweilig verändert werden, so ist auch für diesen Wunsch die Polizei zuständig. Wer zum Beispiel umziehen will, größere Möbel erwartet, einen Sperrmüllcontainer bestellt oder für andere Zwecke Parkraum braucht, kann eine Sondergenehmigung beantragen (siehe **Musterbrief 42** auf der Diskette).

Erweist sich ein Beamter weniger als Freund und Helfer, sondern als selbstherrlicher Sheriff, der auch vor Beschimpfungen oder Gewalt nicht zurückschreckt, dann empfiehlt sich eine schriftliche Beschwerde beim Leiter der zuständigen Polizeidienststelle (**Musterbrief 43** auf der Diskette).

4. Kapitel

Gericht

Das Gericht ist die richtige Adresse, wenn auf »normalem« Wege (gütliche Einigung im Gespräch bei Zivilstreitigkeiten) kein Erfolg zustande kommt. Außerdem müssen Sie vor die Schranken des Gerichts ziehen, wenn Sie auf dem Behördenweg mit Antrag und Widerspruch kein Glück hatten, aber auf Ihr Recht pochen wollen. Zum dritten kann das Gericht die richtige Adresse sein, wenn Angelegenheiten zu klären sind, ohne daß es überhaupt einen Streit gegeben hat (Erbschaft, Testament, Kirchenaustritt). Je nach Gegenstand sind unterschiedliche Gerichte zuständig. Streit von privat gegen privat wird vor dem Amtsgericht ausgetragen, Arbeitsrechtsauseinandersetzungen vor dem Arbeitsgericht, Steuerstreit vor dem Finanzgericht, Streit mit Behörden vor dem Verwaltungsgericht, Differenzen mit Trägern der Sozialversicherung vor dem Sozialgericht.

Amtsgericht: Privat gegen privat

Bevor Sie etwas bei Gericht erreichen wollen, sollten Sie sich eine Rechtsberatung zur Pflicht machen und die Kosten bedenken. Nur wenn die Sache Aussicht auf Erfolg hat und es um höhere Beträge geht, lohnt Gerichtsstreit. Bagatellen klärt man schneller und billiger ohne den Richter.

Aus der Fülle alltäglicher Streitigkeiten nur ein Beispiel, das unter Umständen mehrere verschiedene Gerichte beschäftigen kann: die Scheidung. Wie so vieles im Leben funktioniert sie nur auf Antrag. Einer von beiden Partnern muß ihn bei Gericht einreichen. Ein solch schwerwiegender Scheidungsantrag hat erst dann Sinn, wenn Ihre Ehe wirklich gescheitert ist. Wichtig: Den Scheidungsantrag können Sie schon vor Ablauf des im Regelfall üblichen Trennungsjahres einreichen. Zuständig ist in jedem Falle das Familiengericht im Bereich Ihrer Wohnung. Das ist eine Abteilung des Amtsgerichtes, die nach außen hin als eigenes Gericht auftritt. Wohnen Sie nicht mehr zusammen, dann ist in aller Regel das Familiengericht im Bereich der letzten gemeinsamen Wohnung zuständig, bei gemeinsamen minderjährigen Kindern der Wohnort, an dem die Sprößlinge mit einem Elternteil wohnen. Falls niemand mehr in Deutschland wohnt, ist das Amtsgericht Berlin-Schöneberg für die Scheidung zuständig (Adresse am Ende des Buches). Da – von wenigen Ausnahmen – abgesehen Anwaltszwang bei Scheidungen herrscht, wird der Rechtsanwalt mit Ihnen gemeinsam den Antrag formulieren (siehe S. 42, **Musterbrief 44**).

Kommt es dann zur Scheidung, wird der Nachwuchs meist der Mutter zugesprochen. Der Vater hat dann vor allem für Unterhalt zu sorgen. Mitunter läßt das Geld aber zu lange auf sich warten. Dann sollten Sie beim Familiengericht auf Vollstreckung des Unterhaltsanspruchs klagen (siehe **Musterbrief 45** auf der Diskette). Mit dem Vollstreckungs-

Frauke Fuchtig
Trennungsweg 44
26329 Scheiditz

Familiengericht Scheiditz
Versöhnergäßchen 2
26329 Scheiditz

Scheiditz,

Scheidungsantrag

Sehr geehrte Damen und Herren,

hiermit beantrage ich, Frauke Fuchtig geb. ...., geboren am .... in ...., wohnhaft unter obiger Adresse, die Scheidung von meinem Ehemann Paul Fuchtig, geboren am .... in ....

Wir haben beide am .... vor dem Standesbeamten in ….. .... die Ehe geschlossen (Eheurkunde ....). Jeder von uns besitzt die deutsche Staatsangehörigkeit.

Unsere Ehe ist zerrüttet und damit gescheitert. Wir leben seit .... Monaten von Tisch und Bett getrennt, wenn auch noch in der gemeinsamen Wohnung.

Bitte setzen Sie so bald wie möglich einen Scheidungstermin fest.

Mit freundlichen Grüßen

Frauke Fuchtig

Musterbrief 44: Scheidungsantrag

bescheid rückt der Gerichtsvollzieher dem Säumigen auf die Pelle. Allerdings kann sich der Schuldige dagegen wehren (Vollstreckungsabwehr), wenn er sich ungerecht behandelt fühlt, etwa weil er so wenig verdient, daß es für ihn selbst kaum reicht (siehe **Musterbrief 46** auf der Diskette).

Erhält der Unterhaltspflichtige Arbeitslosengeld, Krankengeld oder Rente, muß aber trotzdem wenigstens teilweise Unterhalt bezahlen, können Sie sich auf Antrag einen Teil des Arbeitslosengeldes, Krankengeldes oder der Rente unmittelbar vom öffentlichen Leistungsträger überweisen lassen. Voraussetzung: Sie beantragen beim Arbeitsamt, der Krankenkasse oder der Rentenversicherung (unter Angabe des Geburtsdatums oder besser noch der Versicherungsnummer des Unterhaltspflichtigen), die fällige Summe dort abzuzweigen. Ihr ehemaliger Partner erhält dann nur den Rest ausgezahlt. Für diesen **Abzweigungsantrag** (§ 48 SGB) halten die genannten Leistungsträger Formulare bereit. Sie können aber auch einen eigenen Brief entwerfen (siehe **Musterbrief 47** auf der Diskette). Liegt noch kein Unterhaltsurteil vor, beantragen Sie statt »in Höhe des Unterhaltstitels« einen Betrag »in angemessener Höhe«.

Gibt es trotz aller Vollstreckungsbemühungen nichts oder weniger als den gesetzlichen Mindestbetrag für das Kind zu holen, sollten Sie **Unterhaltsvorschuß** vom Staat beantragen (**Musterbrief 48** auf der Diskette). Den gibt es vom Jugendamt, das sich die Leistungen – soweit möglich – vom Unterhaltspflichtigen früher oder später zurückholt. Vorteil: In dieser Zeit wird der Unterhalt pünktlich bezahlt, immer monatlich im voraus (bei verspätetem Antrag längstens für 3 Monate rückwirkend!). Allerdings ist der Vorschuß in der Höhe auf den Regelbedarf für nichteheliche Kinder begrenzt, der je nach Alter zwischen 220 und knapp 1000 Mark liegt. Der Mindestunterhalt wird bis zum 12. Geburtstag fällig; Unterhaltsvorschuß vom Staat gibt es allerdings maximal 6 Jahre.

Und so kommen Sie an das Geld: Beim Jugendamt wird der Vorschuß schriftlich beantragt. Sie müssen der Vorschußkasse lediglich Ihren bei Gericht erwirkten »Unterhaltstitel« vorlegen. Das Amt überweist Ihnen dann aus öffentlichen Mitteln diesen monatlichen Regelunterhalt. Auch wenn Sie den Titel nicht innerhalb von drei Monaten beschaffen können, bekommen Sie vom Staat einen Mindestunterhalt. Sind vom Ex-Partner gar keine Zahlungen zu erwarten, etwa weil er im Gefängnis sitzt, von geringer Arbeitslosenunterstützung lebt oder unbekannt verzogen ist, können Sie direkt und ohne Titel zur Unterhaltsvorschußkasse gehen.

Wie beim Beispiel Scheidung und seinen Folgen geht es auch sonst vor Gericht nahezu immer ums Geld. Wenn Ihnen außerhalb der Familie jemand Geld schuldig bleibt, hilft nach eingehender Mahnung mit eindeutiger Rückzahlungsfrist nur noch ein gerichtliches **Mahnverfahren**. Dies funktioniert nur mit dem Vordruck »Antrag auf Erlaß eines Mahnbescheids«, den es in gut sortierten Schreibwarenläden gibt (kostet etwa 2,50 Mark). Den schicken Sie ans zuständige Amtsgericht oder geben ihn persönlich dort ab (häufig ist ein zentrales Amtsgericht für die Region zuständig, in der Sie wohnen, für Baden-Württemberg zum Beispiel das Amtsgericht Stuttgart). Vom Amtsgericht erhält man dann eine Rechnung (kostet bei 3000 Mark Streitwert 65 Mark), die schnellstens beglichen werden sollte. Erst danach wird das Mahnverfahren eingeleitet: Der Schuldner wird vom Gericht aufgefordert, seine Schulden, eventuell vereinbarte Zinsen, Verzugszinsen und alle bis dato angefallenen Mahnkosten (samt Formular und Gerichtskosten) innerhalb von zwei Wochen zu bezahlen.

Geht Ihr Schuldner darauf ein, haben Sie das Geld bestimmt innerhalb der vom Gericht gesetzten Frist zurück. Er kann aber auch ablehnen und gegen den Mahnbescheid Widerspruch einlegen (siehe **Musterbrief 49** auf der Diskette). Widerspricht er oder zahlt einfach nicht, bleibt Ihnen nur der Klageweg. Dazu benötigt das Gericht Ihren Auftrag samt Begründung, und zwar in dreifacher Ausführung (siehe **Musterbrief 50** auf der folgenden Seite).

Übrigens: Wenn sich abzeichnet, daß der Schuldner nicht zur Rückzahlung bereit ist, kann auf das Mahnverfahren verzichtet werden und sofort Klage eingereicht werden (siehe **Musterbrief 51** auf der Diskette). Bis 6000 Mark Streitwert ist das Amtsgericht zuständig, bei größeren Beträgen das Landgericht (Anwaltszwang). Wieder benötigt das Gericht den Klageantrag in dreifacher Ausführung samt ausführlicher Begründung. Zunächst muß der Gläubiger (oder gegebenenfalls seine Rechtsschutzversicherung) die vollen Gerichtskosten vorstrecken, damit die Klage überhaupt auf den Weg kommt (kostet bei 3000 Mark Streitwert 390 Mark). Gewinnt er den Prozeß, muß der Schuldige neben der Schuldrückzahlung alle Aufwendungen erstatten.

Mitunter geht es bei Klagen nicht ums Geld, sondern um die Ehre. Wer sich beleidigt fühlt, kann nämlich auch klagen, und zwar beim Amtsgericht, das für seinen Wohnsitz zuständig ist (siehe

Amtsgericht Mahnbrück
Schröpfheide 15
27329 Mahnbrück

Horst Sauer
Zwangslage 50
27329 Mahnbrück

Mahnbrück,

Klage gegen Widerspruch Mahnbescheid,
Aktenzeichen ....

Sehr geehrte Damen und Herren,

in der oben genannten Mahnsache hat der Schuldner Widerspruch gegen den Mahnbescheid erhoben. Ich bitte darum, einen Termin für die mündliche Verhandlung anzusetzen.

Die Klage begründe ich wie folgt:
Seit .... schuldet Leo Lässig mir .... Mark, die er per Kreditvertrag für ...... Prozent Jahreszins erhielt und bis .... zurückzahlen wollte (siehe Anlagen). Inzwischen ist die Rückzahlung seit .... fällig, doch auf meine Mahnungen vom .... und .... reagierte er nicht. Daraufhin setzte ich ihm eine letzte Frist zum ...., die wieder ungenutzt verstrich. Folglich beantragte ich am .... einen Erlaß auf Mahnbescheid (Aktenzeichen ....) beim Amtsgericht. Wieder zahlte der Schuldner nicht und widersprach sogar, so daß jetzt das Gericht verhandeln muß.

Mit freundlichen Grüßen

Horst Sauer

Musterbrief 50: Klage gegen Widerspruch Mahnbescheid

Musterbrief 52 auf der Diskette). Der Richter wird in der Regel die **Beleidigungsklage** zunächst an einen Schiedsmann verweisen, der beide Parteien zu sich bestellt und gütliche Einigung anstrebt. Erst wenn dieser Weg in einer Sackgasse endet, wird das Amtsgericht aktiv. Kommt es zur Verurteilung, muß der Beleidiger widerrufen und mitunter auch Schmerzensgeld zahlen. Ist die Sache von öffentlichem Interesse (etwa bei Polizisten-Beleidigung), kann zusätzlich ein Strafantrag gestellt und damit womöglich eine saftige Geldstrafe fällig werden (Antrag spätestens drei Monate nach der Beleidigung stellen – sonst ist die Angelegenheit verjährt).

Mitunter bekommt man mit dem Amtsgericht zu tun, ohne überhaupt Streit zu haben, etwa die Aufforderung zur Zeugenaussage. Für Zeugen gilt: Erscheinen ist Pflicht! Wer trotzdem nicht hingeht und sich vorher nicht entschuldigt, riskiert herbe Ordnungsstrafen. Davor schützt nur eine begründete Entschuldigung (siehe Musterbrief 53 auf der Diskette) oder eine Vertretung, etwa durch einen Rechtsanwalt (siehe Musterbrief 54 auf der Diskette). Letzteres kostet allerdings zusätzlich Geld.

Auch für den **Austritt aus der Kirche** ist das Amtsgericht zuständig. Entweder wird die Erklärung in der dortigen Geschäftsstelle mündlich zu Protokoll gegeben oder von Ihnen vorher notariell beglaubigt und dann ans Amtsgericht geschickt. Mitunter reicht es auch, den Antrag formlos einzureichen (siehe Musterbrief 55 auf der Diskette). Am besten vorher beim Amtsgericht nach den Gepflogenheiten erkundigen.

Rund um **Testament und Erbschaft** fühlt sich das Amtsgericht ebenfalls zuständig. Der Nachlaß von Verstorbenen wird entweder durch ein Testament (natürlich zu Lebzeiten erstellt) oder bei fehlendem Testament automatisch durch die gesetzliche Erbfolge geregelt. Gibt es ein Testament, das Sie so nicht akzeptieren wollen, so müssen Sie den letzten Willen anfechten. Diese Anfechtung des Testaments (siehe Musterbrief 56 auf der Diskette) ist zum Beispiel sinnvoll, wenn Formfehler oder sittenwidrige Auflagen vorliegen, Sie sich arglistig getäuscht fühlen oder der Verdacht besteht, daß der letzte Wille nicht im Vollbesitz der geistigen Kräfte formuliert wurde. Sprechen Sie vorher besser mit einem Rechtsanwalt. Allerdings besteht das Recht zur Anfechtung nur für die gesetzlichen Erben, also Ehegatten, Kinder und gegebenenfalls andere Verwandte. Nachbarn oder etwa eine Freundin, die trotz mündlichen Erb-Versprechens leer ausgeht, können das Testament nicht kippen. War das Testament nicht zu beanstanden, kann es mit dem Erben losgehen.

Bei mehreren Nutznießern oder dringenden finanziellen Verpflichtungen empfiehlt sich ein **Erbschein**. Den stellt das Nachlaßgericht (Amtsgericht) auf Antrag aus (siehe S. 48, **Musterbrief 57**). Den Antrag schicken Sie an das Amtsgericht, das für den Wohnsitz des Toten zuständig ist. Ist ein Deutscher im Ausland gestorben und hatte hierzulande keinen Wohnsitz mehr, so kann der Erbschein nur beim Amtsgericht Berlin-Schöneberg beantragt werden (Adresse am Ende des Buches).

Den Erben steht es frei, das Erbe anzunehmen oder nicht. Niemand kann gezwungen werden, beispielsweise Schulden des Verstorbenen zu übernehmen. In solchen Fällen genügt eine kurze schriftliche Erklärung beim zuständigen Amtsgericht (siehe **Musterbrief 58** auf der Diskette). Bevor Sie jedoch die **Erbschaft ausschlagen**, sollten Sie sich mit einem Anwalt beraten und erst die genaue Vermögenslage des Toten in Erfahrung bringen. Sind Sie sicher, mit dem Erbe nichts zu tun haben zu wollen, bleiben sechs Wochen für die Ausschlagung, gerechnet von dem Tag, an dem Sie von Ihrer Erbeinsetzung erfahren haben.

Verwaltungsgericht: Privat gegen Behörden

Sind Sie mit Entscheidungen von Behörden (von denen vor allem im Teil A des Buches die Rede ist) nicht einverstanden und brachte auch der Widerspruch keine Änderung in Ihrem Sinne, so können Sie innerhalb von vier Wochen Klage beim zuständigen Gericht erheben (Verwaltungsgericht). Bringt die 1. Instanz keinen Erfolg, so ist Berufung möglich; dann wird vor dem zuständigen Oberverwaltungsgerichtshof verhandelt (2. Instanz). Auch dort können Sie Berufung einlegen; endgültig entscheidet dann das Bundesverwaltungsgericht (3. und letzte Instanz).

Die Klage bei einem Verwaltungsgericht kann sehr knapp gehalten sein. Sie müssen weder eine Begründung formulieren noch irgendwelche Gesetzesparagraphen zitieren. Lediglich die beklagte Entscheidung muß deutlich werden (siehe S. 49, **Musterbrief 59**).

Das Gericht benötigt den Klageantrag in dreifacher Ausführung. Zunächst muß der Kläger (oder gegebenfalls seine Rechtsschutzversicherung) die vollen Gerichtskosten vorstrecken, damit die Klage überhaupt auf den Weg kommt (kostet bei 1200 Mark Streitwert

Amtsgericht Erbengrün
Moosweg 78
29329 Erbengrün

Hanna Halm
Kiesberg 56
29329 Erbengrün

Erbengrün,

Antrag auf Erbschein

Sehr geehrte Damen und Herren,

vor mir, dem Notar .... in ...., erschien Frau Hanna Halm, ausgewiesen durch Personalausweis und erklärte:

Mein Ehemann Ernst Halm ist am .... gestorben. Wir lebten im gesetzlichen Güterstand der Zugewinngemeinschaft und haben zwei eheliche Kinder, Karla und Karl. Ein Testament hat mein Mann nicht hinterlassen; es tritt daher die gesetzliche Erbfolge ein.

Ich versichere hiermit an Eides Statt, daß mir nichts bekannt ist, was der Richtigkeit meiner Angaben entgegensteht. Auf die strafrechtlichen Folgen falscher Angaben bin ich hingewiesen worden.

Ich beantrage die Erteilung eines gemeinschaftlichen Erbscheins für die Kinder und für mich. Der Wert des Nachlasses beträgt etwa .... Mark.

Erbengrün, den ....

Hanna Halm ...., Notar

Notarsiegel

Musterbrief 57: Antrag auf Erbschein

Verwaltungsgericht Rechtenfleth
Parallelstraße 23
29330 Rechtenfleth

Dieter Dünnhaut
Bierstrauch 59
29330 Rechtenfleth

Rechtenfleth,

Klage gegen Widerspruchs – Bescheid vom ....,
Aktenzeichen ....

Sehr geehrte Damen und Herren,

hiermit erhebe ich Klage gegen den Bescheid vom ....

Ich hatte gegen die Kürzung meiner Sozialhilfe von 500 Mark auf 300 Mark am .... Widerspruch eingelegt (siehe Anlage). Mit Widerspruchsbescheid vom .... wurde mir mitgeteilt, daß das Sozialamt bei seiner Entscheidung bleibt.

Mit freundlichen Grüßen

Dieter Dünnhaut

Musterbrief 59: Klage gegen Behörde nach erfolglosem Widerspruch

70 Mark; bei einem Berufungsverfahren dann 105 Mark). Gewinnen Sie den Prozeß gegen die Behörde, werden ihre Forderungen erfüllt; die Staatskasse trägt dann alle Aufwendungen. Kehrseite: Als Verlierer tragen Sie alle Kosten.

Ohne Gericht: Kostenlose oder preiswerte Hilfe

Sehen Sie sich Schadensersatzforderungen gegenüber und wollen sich dagegen wehren, so hilft die Erinnerung, daß man häufig über Versicherungen und Verbände in Teilbereichen des Lebens dagegen gewappnet ist. Vielfach genießen Leute schon über Organisationen und Verbände Rechtsschutz und müssen sich gar nicht selbst um einen Anwalt kümmern. Beispiele: Mieterverein, Haus- und Grundeigentümerverband, Bund der Versicherten, Gewerkschaft (Arbeits- und Sozialrecht), Automobilclubs (nur Beratung kostenlos, nicht die Vertretung durch einen Anwalt). Wer sich mit Schadensersatzforderungen konfrontiert sieht, hat durch eine entsprechende private Haftpflichtversicherung bereits Rechtsrat eingekauft und kann den Versicherer vorschicken.

Verbraucherverbände helfen – ohne Pflicht zur Mitgliedschaft – bei Rechtsgeschäften über Konsumgüter und Dienstleistungen sehr preiswert weiter (meist unter 20 Mark).

Im Einzelfall kann guter Rat sogar kostenlos sein. So weiß der Betriebsrat bei strittigen Fragen rund um die Arbeit Bescheid. Behörden sind insbesondere im Sozialbereich, bei Finanzangelegenheiten und bei Jugendfragen ausdrücklich zur Auskunft verpflichtet (im persönlichen Gespräch kostenlos, bei Schriftwechsel nicht immer!). Zur gesetzlichen Altersvorsorge beraten die Rentenversicherungsträger kostenlos und individuell (auch die Versichertenältesten der BfA). Und dann gibt es noch zahlreiche Schieds- oder Schlichtungsstellen bei den entsprechenden Kammern von Handwerk, Ärzten und Industrie, die außergerichtlich und kostenlos tätig werden, wenn in Handel, Gewerbe, bei Dienstleistungen oder im Gesundheitswesen Streit entflammt.

5. Kapitel

Arbeitsamt

Das Arbeitsamt ist in allen Fragen rund um die Berufstätigkeit die richtige Adresse, vor allem auf der Suche nach einem neuen Job. Kurios: Auch Kindergeld und ein Zuschuß zum Lehrlingsentgelt müssen beim Arbeitsamt beantragt werden.

Leistungen für Kinder und Lehrlinge

Eltern erhalten für alle Kinder, die im Haushalt leben und nicht älter als 16 Jahre sind, **Kindergeld**. Später – bis maximal 27 Jahre – nur noch, wenn die Kinder noch in der Ausbildung oder selbst in Not sind (Behinderung, fehlende Lehrstelle) oder Wehrdienst, soziales Jahr, Zivildienst bzw. Entwicklungshilfe leisten. Für das erste Kind gibt es z.Zt. 70 Mark monatlich. Bei jedem weiteren Kind hängt die Höhe vom Familieneinkommen ab und beträgt z.Zt.:

- zwischen 70 und 130 Mark für das zweite Kind,
- zwischen 140 und 220 Mark für das dritte Kind,
- zwischen 140 und 240 Mark für das vierte und jedes weitere Kind.

Kindergeld erhalten Sie nur auf Antrag bei der Kindergeldkasse des Arbeitsamtes, das für Ihren Wohnsitz zuständig ist (siehe **Musterbrief 60** auf der Diskette). Ausnahme: Beschäftigte im öffentlichen Dienst wenden sich an Ihren Arbeitgeber. Gezahlt wird alle zwei Monate (im öffentlichen Dienst monatlich). Rückwirkend wird Kindergeld höchstens für ein halbes Jahr vor Antragstellung gezahlt. Jedes Jahr prüft die Kindergeldkasse einmal Ihr Familieneinkommen und legt dann das Kindergeld für die nächsten 12 Monate fest. Übrigens: Unverheiratete Paare können ihre Kinder nicht auf einen Partner »zusammenlegen«, um höheres Kindergeld zu bekommen (Bundessozialgericht, Az 10 RKg 7/91). Ausweg: Sie heiraten.

Wer so wenig verdient, daß er kaum Lohnsteuer bezahlt (oder gar keine), erhält auf Antrag zusätzlich noch einen **Kindergeldzuschlag** (siehe **Musterbrief 61** auf der Diskette). Genauer: Alle Kindergeldberechtigten, die den steuerlichen Freibetrag von 4 104 Mark pro Kind und Jahr nicht ausschöpfen, können maximal 65 Mark Zuschlag im Monat für jedes Kind kassieren. Faustregel: Der Zuschlag beträgt pro Monat ein Zwölftel von 19 Prozent des nicht ausgeschöpften Kinderfreibetrages. Gezahlt wird immer erst rückwirkend für das vergangene Jahr, weil erst dann die Einkommensteuer-Veranlagung vorliegt und eine Aufrechnung des tatsächlichen Verdienstes möglich ist.

Kommt Ihr Kind in die Phase der Berufsausbildung, so verdient es das erste regelmäßige eigene Geld und entlastet so die Haushaltskasse der Familie. Zusätzlich zu dieser Ausbildungsvergütung kann es **Berufsausbildungsbeihilfe** (BAB) als Zuschuß beantragen, wenn das Lehrlingsentgelt durch die Lebenshaltungskosten zu stark belastet wird (siehe **Musterbrief 62** auf der Diskette). Der BAB-Zuschuß kommt nur für Lehrlinge in der Erstausbildung in Betracht, die entweder nicht mehr bei den Eltern wohnen (bzw. doch bei den Eltern wohnen, der Weg vom Elternhaus aber mindestens eine Stunde bis zur Ausbildungsstätte ausmacht) oder schon 18 Jahre alt sind (und nicht mehr zu Hause wohnen) oder schon verheiratet sind (und nicht mehr zu Hause wohnen) oder mit einem Kind zusammenleben (und nicht mehr zu Hause wohnen).

Beim Arbeitsamt am Hauptwohnsitz kann BAB beantragt werden. Individuell nach Alter, Familienstand, Unterbringung, Ausbildungskosten und Einkommen des Lehrlings sowie der Eltern wird dann die Beihilfe spendiert. Eine Zusage gilt für neun Monate; das Geld muß nicht zurückgezahlt werden. Beispiel: Der Grundbedarf für einen 17jährigen beträgt etwa 670 Mark. Falls die genannten Voraussetzungen bestehen, fließt der Zuschuß während der gesamten Ausbildung bzw. berufsvorbereitenden Maßnahme. Übrigens: Die Arbeitsämter müssen Berufsausbildungsbeihilfe nicht nur in den fast 400 anerkannten Ausbildungsberufen zahlen, sondern die Erstausbildung für alle Ausbildungsberufe fördern (Bundessozialgericht Az: 9b RAr 5/91).

Geld und Hilfe für Arbeitslose

Wer seinen Job verliert und nicht sofort einen neuen findet, bekommt auf Antrag **Arbeitslosengeld**, wenn er Beiträge zur gesetzlichen Arbeitslosenversicherung gezahlt hat und ihm nicht durch pflichtwidriges Verhalten gekündigt wurde, er in den letzten 3 Jahren mindestens 360 Tage gearbeitet hat (Saisonarbeiter 180 Tage) – mindestens 18 Stunden pro Woche – und der Arbeitsvermittlung zur Verfügung steht. Der Antrag muß persönlich beim zuständigen Arbeitsamt gestellt werden. Ist absehbar, daß Sie arbeitslos werden, sollten Sie dies dem Arbeitsamt mitteilen und um Aufklärung für die weiteren Schritte bitten (siehe folgenden **Musterbrief 63**).

Bernd Niederkommer
Lichtelfensteg 60
29331 Lebendorf

Arbeitsamt von Lebendorf
Zahlstraße 19
29331 Lebendorf

Lebendorf,

Arbeitslosengeld

Sehr geehrte Damen und Herren,

ich werde aus betrieblichen Gründen zum .... entlassen und möchte vorsorglich Arbeitslosengeld beantragen.

Ich bin von Beruf .... und seit .... ununterbrochen in der Firma .... vollzeitbeschäftigt. Da ich keinerlei Erfahrung im Umgang mit dem Arbeitsamt besitze, schicken Sie mir bitte vor einem persönlichen Gespräch wichtige Unterlagen und gegebenenfalls auch Formulare zu, damit ich sie rechtzeitig ausfüllen kann.

Bitte teilen Sie mir mit, wer wann und wo für mich in Ihrem Hause ansprechbar ist (auch Telefon).

Mit freundlichen Grüßen

Bernd Niederkommer

Musterbrief 63: Antrag auf Arbeitslosengeld

Ergibt sich nicht kurzfristig noch ein neuer Job, so wird in aller Regel Arbeitslosengeld bewilligt. Das Arbeitsamt überweist Arbeitnehmern mit mindestens einem Kind 67 Prozent des letzten Nettoverdienstes, ansonsten 60 Prozent, höchstens jedoch soviel wie die aktuelle Beitragsbemessungsgrenze für die Arbeitslosenversicherung. Bei minderjährigen Arbeitslosen gilt: Wer seine Lehre abbricht, erhält Arbeitslosengeld auf der Bemessungsgrundlage der Ausbildungsvergütung; wer nach erfolgreicher Ausbildung keinen Job findet, erhält Arbeitslosengeld mindestens in Höhe der Ausbildungsvergütung, höchstens die Hälfte des entsprechenden Facharbeiterlohns.

Wer sich während der Arbeitslosigkeit weiterbildet, bekommt statt Arbeitslosengeld das sogenannte Unterhaltsgeld, und zwar in gleicher Höhe.

Achtung: Praktisch sind die genannten Prozent-Werte jedoch nicht erreichbar, da Ihr Durchschnittseinkommen der letzten sechs Monate zugrunde gelegt wird und Urlaubsgeld, Weihnachtsgeld sowie Überstunden unberücksichtigt bleiben. Außerdem werden Einkommensteuer, SV-Beiträge und Kirchensteuer pauschal abgezogen.

Arbeitslosengeld gibt es je nach Lebensalter und Dauer der Beschäftigung als Arbeitnehmer.

Wichtig: Entscheidend für die folgenden Angaben ist Ihr vollendetes Lebensjahr an dem Tag, an dem Sie den Antrag auf Arbeitslosengeld stellen. Das Geld gibt es höchstens für zwei Jahre und 8 Monate: maximal 1 Jahr (bei Arbeitslosigkeit vor 42. Geburtstag), bis 18 Monate (vor 44. Geburtstag), 22 Monate (vor 49. Geburtstag), 26 Monate (vor 54), 32 Monate (ab 54). Wenn zwischen zwei Arbeitslosigkeitsperioden mindestens ein Jahr beitragspflichtige Beschäftigung liegt, zahlt das Arbeitsamt erneut Arbeitslosengeld (neu berechnet nach dem Arbeitseinkommen der letzten sechs Monate).

Nähert sich Ihr Anspruch auf Arbeitslosengeld dem Ende und ein neuer Job ist nicht in Sicht, sollten Sie **Arbeitslosenhilfe** beantragen. Auch dafür ist persönliches Erscheinen beim Arbeitsamt Pflicht. Da die Hilfe nur Bedürftigen zuteil wird, sollten Sie viel Wert auf die Begründung legen (siehe **Musterbrief 63** auf der Diskette). Letztlich zählt aber nur, was im vorgedruckten Antrag steht. Im Gegensatz zum Arbeitslosengeld wird hier eigenes Vermögen sowie Einnahmen wie Zinsen, Pacht, Berufsunfähigkeitsrente angerechnet. Das heißt: Alles, was Sie über den zugebilligten Freibetrag von 8 000 Mark pro Person (Ehepaare 16 000 Mark, aber nur bei getrennt ausgewiesenem Vermögen) besitzen, müssen Sie zum Leben mitverwenden; die Arbeitslosenhilfe wird dann anteilig gekürzt. Falls Ihr Ehe- oder sonstiger Lebenspartner arbeitet, wird ihm von dessen Einkommen mindestens soviel als Nicht-Vermögen zum Leben zugestanden, also nicht auf Ihre Arbeitslosenhilfe angerechnet, wie der Gesetzgeber für das steuerfreie Existenzminimum zugesteht. 1995 sind das mindestens 922 Mark im Monat (§ 32 d Abs. 1 Einkommensteuergesetz).

Wenn das Arbeitsamt die Hilfe bewilligt, so erhalten Sie 57 Prozent des **letzten Nettoverdienstes** mit mindestens einem Kind, ansonsten 53 Prozent. Die Zahlung ist bei weiterbestehender Bedürftigkeit **unbegrenzt**. Einkommen von Ehepartnern oder Partnern aus eheähnlichen Gemeinschaften waren lange Zeit ein Streitpunkt, weil sie häufig vom Arbeitsamt pauschal auf die Arbeitslosenhilfe angerechnet wurden. Der Freibetrag für den erwerbstätigen Partner wird von 650 Mark auf mindestens 922 Mark monatlich angehoben, höchstens auf die fiktive Arbeitslosenhilfe, also 57 oder 53 Prozent des letzten Nettoeinkommens.

Neuerdings können Arbeitslosenhilfe-Empfänger zu gemeinnützigen Arbeiten herangezogen werden. Dann bekommen sie aber auch nur die Arbeitslosenhilfe weitergezahlt.

Berufliche Fortbildung, Umschulung, Arbeitsbeschaffung

Große Hoffnung setzen Betroffene darauf, daß das Arbeitsamt ihnen bei der beruflichen Bildung hilft, um die eigene Chance auf dem Arbeitsmarkt zu erhöhen. Bildung kostet jedoch Geld. Das Arbeitsamt zahlt diese Kosten auf Antrag häufig voll. Voraussetzung: bei Fortbildung im bislang ausgeübten Beruf nur für Vollzeitunterricht (5 Tage die Woche, mindestens 35 Stunden die Woche) über maximal ein Jahr; bei Umschulung in einen neuen, zukunftsträchtigen Beruf nur bei ganztägiger Umschulung, die nicht länger als 2 Jahre dauert.

Die **berufliche Fortbildung** kann jeder beantragen, der arbeitslos ist, kurzarbeitet, von Arbeitslosigkeit bedroht wird sowie Arbeitnehmer ohne beruflichen Abschluß. Mit beruflichem Abschluß müssen Sie wenigstens 3 Jahre berufstätig gewesen sein, ohne Abschluß wenigstens 6 Jahre. Den Antrag nimmt das Arbeitsamt entgegen (siehe **Musterbrief 65** auf der Diskette). Das Arbeitsamt trägt dann die Fortbildungskosten und zahlt als Anreiz während der Fortbildung ein Unterhaltsgeld in Höhe des Arbeitslosengeldes. Vorteil: Unterhaltsgeld verlängert den Anspruch auf Arbeitslosengeld. Und: Fortbildung wird bei der Berechnung der Altersrente wie beitragspflichtige Beschäftigungszeit bewertet.

Die **Umschulung** in einen neuen, zukunftsträchtigen Beruf kann ebenfalls jeder beantragen, der arbeitslos ist, kurzarbeitet, von Arbeitslosigkeit bedroht wird sowie Arbeitnehmer ohne beruflichen Abschluß. Mit beruflichem Abschluß müssen Sie wenigstens 3 Jahre berufstätig gewesen sein, ohne Abschluß wenigstens 6 Jahre. Den Antrag nimmt das Arbeitsamt entgegen (siehe S. 57, **Musterbrief 66**). Das Arbeitsamt trägt die vollen Umschulungskosten, wenn die ganztägige Umschulung nicht länger als zwei Jahre dauert, genauer: nur noch halb so lange wie die Erstausbildung zu dem neuen Beruf. Als Anreiz während der Umschulung zahlt das Arbeitsamt ein Unterhaltsgeld in Höhe des Arbeitslosengeldes. Voraussetzung fürs Unterhaltsgeld: Sie waren in den letzten 3 Jahren vor der Umschulung mindestens 2 Jahre versicherungspflichtig tätig (für Mütter gelten längere Fristen als 3 Jahre).

Ob Fortbildung oder Umschulung: In beiden Fällen ist der Leistungskatalog des Arbeitsamtes gleich lang. Zu den Kosten, die übernommen werden können, zählen Arbeitskleidung, Fahrtkosten, Kosten für Kranken- und Unfallversicherungsbeiträge, Kosten für Kinderbetreuung (nur für Mütter), gegebenenfalls Kosten für Unterkunft und Mehraufwand für Verpflegung, Lehrgangsgebühren und Lernmittel.

Arbeitskleidung zahlt das Arbeitsamt (in voller Höhe) auf Antrag für Arbeitslose, Kurzarbeiter, von Arbeitslosigkeit Bedrohte und Arbeitnehmer ohne beruflichen Abschluß, wenn das Arbeitsamt den Kurs vorher als »notwendig« erachtet (siehe **Musterbrief 67** auf der Diskette). Voraussetzung: Der Träger stellt die Arbeitskleidung nicht.

Fahrtkosten für Pendler zur Schulungsstätte zahlt das Arbeitsamt auf Antrag für Arbeitslose, Kurzarbeiter, von Arbeitslosigkeit Bedrohte und Arbeitnehmer ohne beruflichen Abschluß, wenn das Arbeitsamt den Kurs vorher als »notwendig« erachtet (siehe **Musterbrief 68** auf der Diskette). Üblich ist eine teilweise Erstattung: bei öffentlichen Verkehrsmitteln monatlich in Höhe einer Monatskarte (immer nur soviel, wie die Karte im ersten Schulungsmonat gekostet hat), bei PKW 20 Pfennig pro Kilometer. Für Pendelfahrten werden insgesamt höchstens 660 Mark im Monat erstattet.

Kosten für Kinderbetreuung zahlt das Arbeitsamt auf Antrag für Arbeitslose, Kurzarbeiter, von Arbeitslosigkeit Bedrohte und Arbeitnehmer ohne beruflichen Abschluß, wenn das Arbeitsamt den Kurs vorher als »notwendig« erachtet und die Kinderbetreuung aus eigenem Einkommen nicht bestritten werden kann (siehe **Musterbrief 69**

Birgit Rührig
Bienenweg 65
29332 Schaffhausen

Arbeitsamt von Schaffhausen
Vermittlerstraße 9
29332 Schaffhausen

Schaffhausen,

Umschulung

Sehr geehrte Damen und Herren,

ich beziehe seit ………….. Arbeitslosengeld (Stammnummer ……..) und habe wenig Hoffnung, in meinem Beruf als …………….. eine neue Stelle zu finden. Daher beantrage ich eine Umschulung zum …………………..

Mittelfristig würden sich meine Chancen auf dem Arbeitsmarkt deutlich verbessern. Da unsere Region in den nächsten Jahren zu einem großen Dienstleistungszentrum ausgebaut werden soll, scheint mir die Umschulung sehr sinnvoll zu sein.

Günstig wäre der Beginn zum …………………, weil …………………
Ich bitte um Übernahme sämtlicher Kosten sowie um Zahlung von Unterhaltsgeld.

Mit freundlichen Grüßen

Birgit Rührig

Musterbrief 66: Antrag auf Umschulung

auf der Diskette). Üblich sind Zuschüsse für Bedürftige von 60 bis 120 Mark monatlich.

Kosten für Unterkunft und Mehraufwand für Verpflegung zahlt das Arbeitsamt für Arbeitslose, Kurzarbeiter, von Arbeitslosigkeit Bedrohte und Arbeitnehmer ohne beruflichen Abschluß, wenn das Arbeitsamt den Kurs vorher als »notwendig« erachtet, und der Kurs auswärts stattfindet (siehe **Musterbrief 70** auf der Diskette). Wer auswärts ein Zimmer mieten muß, bekommt pauschal 60 Mark pro Tag für die Unterkunft, höchstens jedoch 420 Mark im Monat. Als Verpflegungsmehraufwand gibt es auswärts pauschal 30 Mark pro Tag, höchstens jedoch 240 Mark im Monat.

Kranken- und Unfallversicherungsbeiträge bei Fortbildung oder Umschulung trägt das Arbeitsamt für Arbeitslose, Kurzarbeiter, von Arbeitslosigkeit Bedrohte und Arbeitnehmer ohne beruflichen Abschluß, wenn das Arbeitsamt den Kurs vorher als »notwendig« erachtet und der Betreffende auch Unterhaltsgeld bekommt (siehe **Musterbrief 71** auf der Diskette). Dann wird der volle Beitrag an die Sozialversicherung erstattet.

Lehrgangsgebühren sind wohl die wichtigste finanzielle Hilfe des Arbeitsamtes bei Fortbildung oder Umschulung. Sie wird gewährt, wenn das Arbeitsamt den Kurs vorher als »notwendig« erachtet (siehe **Musterbrief 72** auf der folgenden Seite).

Das Arbeitsamt wird auf Antrag 70 bis 100 Prozent der Lehrgangsgebühren übernehmen. Bei Fernunterricht trägt es die Kosten für den ergänzenden Nahunterricht und die Lehrbriefe. Prüfungsgebühren werden bis 300 Mark erstattet, wenn die Prüfung spätestens 6 Monate nach Lehrgangsende beginnt – später nur noch, wenn Sie an einer weiteren Verzögerung keine Schuld trifft. Einschränkung: Bei Ungelernten zahlt das Arbeitsamt seit 1993 nur noch 2,00 Mark pro Stunde zu den Lehrgangsgebühren zu (ebenfalls bei allen Karrierebewußten, die sich den Lehrgang »nur« wegen besserer beruflicher Aufstiegschancen gönnen).

Lernmittel bezahlt das Arbeitsamt ebenfalls, wenn es den Kurs vorher als »notwendig« erachtet (siehe **Musterbrief 73** auf der Diskette). Üblich sind pauschal bis zu 30 Pfennig je Unterrichtsstunde, höchstens 30 Mark im Monat.

Falls das Arbeitsamt in begründeten Fällen die Kosten für Fortbildung oder Umschulung nicht wie gewünscht übernimmt, bleibt Ihnen wie immer der Widerspruch gegen den Ablehnungsbescheid (verglei-

Birgit Rührig
Bienenweg 65
29332 Schaffhausen

Arbeitsamt von Schaffhausen
Vermittlerstraße 9
29332 Schaffhausen

Schaffhausen,

Umschulungsnummer .... / Erstattung Lehrgangsgebühren

Sehr geehrte Damen und Herren,

am .... beginne ich oben näher bezeichnete Umschulung zum .... In den nächsten Tagen wird die Lehrgangsgebühr in Höhe von .... Mark fällig.

Hiermit beantrage ich, daß das Arbeitsamt diese Kosten voll übernimmt, da der Lehrgang als notwendig anerkannt wurde und ich auch einen gelernten Beruf als .... vorweisen kann. Vorsorglich beantrage ich schon jetzt, daß Sie eventuelle Prüfungsgebühren ebenfalls übernehmen.

Bitte überweisen Sie den Betrag zusammen mit dem nächsten Unterhaltsgeld auf mein bekanntes Konto.

Mit freundlichen Grüßen

Birgit Rührig

Musterbrief 72: Erstattung Lehrgangsgebühren

che Musterbrief 3) und danach noch die Klage gegen erfolglosen Widerspruch vor dem Verwaltungsgericht (siehe Musterbrief 59). Falls absehbar ist, daß ein Rechtsstreit Sie nicht weiterbringt, lohnt es vielleicht eher, statt der Zuschüsse für Fortbildung oder Umschulung ein **zinsloses Darlehen vom Arbeitsamt** zu beantragen (**Musterbrief 74** auf der Diskette). Das gibt es vor allem, wenn der Kurs nicht als »notwendig« eingestuft wird. In Betracht kommt der Kredit für alle nicht akut von Arbeitslosigkeit Bedrohten; der Kurs muß vom Arbeitsamt als »sinnvoll« anerkannt sein. Üblich ist ein zinsloses Darlehen des Arbeitsamtes in Höhe von 58 Prozent des letzten Nettoeinkommens, das nach individueller Vereinbarung zurückgezahlt wird.

Wer seine Arbeit verliert, keine neue findet, aber sich auch nicht fortbilden oder umschulen lassen will, kann unter Umständen auf eine **Arbeitsbeschaffungsmaßnahme (ABM)** hoffen. Das sind staatlich geförderte und zeitlich befristete Projekte auf dem sogenannten zweiten Arbeitsmarkt, die dem Wiedereinstieg von Arbeitslosen in den ersten Arbeitsmarkt dienen. Gefördert werden die Projekte selbst sowie die ABM-Träger mit Zuschüssen zu Lohnkosten und zu den Sachkosten (nur in Ostdeutschland) sowie gegebenenfalls zusätzlich mit zinsgünstigen Darlehen, die über mehrere Jahre tilgungsfrei sind.

Arbeitslose können selbst zum ABM-Träger avancieren, wenn sie mit mindestens 6 Gleichgesinnten einen gemeinnützigen Verein gründen. Eine ABM-Stelle gibt es insbesondere für Arbeitslose, die schwerbehindert, älter als 50, jünger als 25 und ohne Berufsabschluß und Aussicht auf eine Lehrstelle, länger als ein Jahr arbeitslos oder vom Direktor des Arbeitsamtes als schwer vermittelbar eingestuft sind. Erste Adresse ist das zuständige Arbeitsamt. Wenden Sie sich auch an die Träger von ABM-Maßnahmen: Vereine, privatrechtliche Unternehmen, kirchliche Einrichtungen, Wohlfahrts- und Sozialverbände, Kommunen sowie jedes Bundesland. Zwar gibt es für ABM-Anträge vorgedruckte Formulare, doch hilft ein erster Brief zur genaueren Orientierung (siehe **Musterbrief 75** auf der Diskette).

Jeder ABM-Träger bekommt 50 bis 75 Prozent (ganz selten bis 100 Prozent) Zuschüsse zu den Lohnkosten der ABM-Kräfte, wenn die vom Arbeitsamt zugewiesen wurden und höchstens 90 Prozent des ortsüblichen Einkommens erhalten. Bis 1997 gilt zusätzlich in ganz Deutschland: ABM-Träger in den Bereichen Umwelt, Soziale Dienste und Jugendhilfe bekommen vom Arbeitsamt Zuschüsse zu den Lohnkosten in Höhe der ersparten Arbeitslosenunterstützung, in Ostdeutschland zusätzlich auch in den Bereichen Breitensport, freie Kulturarbeit und Vorbereitung denkmalpflegerischer Arbeiten. ABM werden in der Regel bis zu einem Jahr, in Ausnahmefällen zwei Jahre, extrem selten drei Jahre genehmigt.

Zuschüsse für einen neuen Job

Hat es nach erfolgreicher Weiterbildung oder interessanter Zwischenlösung (ABM) mit einer neuen Stelle geklappt, tun sich mitunter wieder finanzielle Probleme auf. Auch dann kann das Arbeitsamt häufig helfen. Beispiel: **Einarbeitungszuschuß.** Wer als Arbeitsloser oder davon Bedrohter einen neuen Job finden könnte, aber eine längere Einarbeitungszeit braucht, findet beim potentiellen Chef meist wenig Gegenliebe, weil der sofort volle Leistung sehen will. Auf Antrag löst das Arbeitsamt dieses Problem: Es zahlt einen Einarbeitungszuschuß an den Arbeitgeber (bei schwer vermittelbaren Arbeitslosen gibt es Eingliederungsbeihilfe). Dafür muß der Arbeitgeber Sie dann mindestens doppelt so lange einstellen wie die geförderte Zeit, sonst holt sich das Arbeitsamt den Zuschuß zurück (siehe **Musterbrief 76** auf der Diskette). Üblich sind bis zu 30 Prozent des tariflichen oder ortsüblichen Entgelts, in Ausnahmefällen bis 50 Prozent. Gezahlt wird an den neuen Boß mindestens 4 Wochen, maximal bis zu 6 Monaten (in Ausnahmefällen bis zu 12 Monaten). Voraussetzung: Er stellt den neuen Mitarbeiter mindestens für sechs Monate ein.

Hat es mit dem neuen Job geklappt, müssen Sie womöglich Geld ausgeben, das Sie im Moment nicht haben, etwa für einen berufsbedingten Umzug, für Arbeitsausrüstung oder Fahrtkosten. Das Arbeitsamt gewährt auf Antrag mehrere Hilfen:

- Wer seine Arbeitskleidung und das Arbeitsgerät selbst stellen muß, sollte einen einmaligen Zuschuß zur **Arbeitsausrüstung** beantragen (siehe **Musterbrief 77** auf der Diskette). Wenn die verlangte Ausrüstung branchenüblich ist, zahlt das Arbeitsamt (übrigens auch für Auszubildende). Üblich sind bis zu 300 Mark für Arbeitskleidung, bis zu 500 Mark für Arbeitsgerät (in Ausnahmefällen bis 1 000 Mark).
- Wer einen neuen Job in einem anderen Ort findet, kann in Härtefällen damit rechnen, daß diese Arbeitsaufnahme vom Arbeitsamt gefördert wird. Beispiel **Trennungsbeihilfe**: Ihren neuen Job müssen Sie auswärts erledigen und deshalb zwei Haushalte führen. Diese Mehrbelastung wird auf Antrag durch Trennungsbeihilfe gemindert,

die maximal ein Jahr lang fließt (siehe **Musterbrief 78** auf der Diskette). Üblich sind zwischen 6,00 und 23,00 Mark pro Tag. Faustregel: Je höher das Gehalt, desto geringer die Beihilfe. Wer mehr als 3 510 Mark brutto im Monat verdient, kriegt keine Trennungsbeihilfe mehr. Ab 7. Monat halbiert sich der Zuschuß. Steht Ihnen das Geld zu, haben Sie auch einmal pro Monat Anspruch auf Fahrtkostenbeihilfe (siehe nächster Absatz).

Beispiel **Fahrtkostenbeihilfe**: Das Arbeitsamt spendiert einmal pro Monat (höchstens ein Jahr lang) die Kosten zu Familienheimfahrten – aber nur, wenn Sie zugleich Trennungsbeihilfe bekommen und nicht zuviel verdienen (siehe Musterbrief 78 auf der Diskette). Je höher das Gehalt, desto geringer die Beihilfe. Wer mehr als z.Zt. 3 510 Mark brutto im Monat verdient, kriegt keine Fahrtkostenbeihilfe mehr. Für die monatliche Familienheimfahrt gilt: volle Erstattung der Kosten in der niedrigsten Klasse des zweckmäßigsten öffentlichen Verkehrsmittels, ansonsten eine Kilometergeldpauschale. Für die tägliche Hin- und Rückfahrt (Pendler) übernimmt das Arbeitsamt extra – und unabhängig von der Trennungsbeihilfe – eine teilweise Fahrtkostenbeihilfe. Für die tägliche Hin- und Rückfahrt gilt: Nur die Hälfte wird erstattet.

- Wer einen neuen Job findet, muß womöglich eine Weile auf die erste Lohn- oder Gehaltszahlung warten. Erhält er keinen Abschlag, kann er in Härtefällen damit rechnen, daß das Arbeitsamt bis zum Zahltag mit einer **Überbrückungsbeihilfe** einspringt (siehe **Musterbrief 79** auf der Diskette). Das klappt aber nur, wenn der Lebensunterhalt bis dahin nicht aus eigener Kraft bestritten werden kann. Üblich sind bis zu 1000 Mark, aber nur als zinsloses Darlehen, das schon nach einem Monat zurückgezahlt werden muß.
- Wer einen neuen Job in einem anderen Ort findet und deshalb früher oder später ganz dort hinzieht, kann damit rechnen, daß die **Umzugskosten** vom Arbeitsamt bezahlt werden (siehe **Musterbrief 80** auf der Diskette). Voraussetzung: Sie sind spätestens zwei Jahre nach dem Arbeitsbeginn umgezogen. Üblich ist die volle Erstattung der notwendigen Kosten für den eigentlichen Umzug; außerdem die Reisekosten für Sie und Ihre Familie in der niedrigsten Klasse des zweckmäßigsten öffentlichen Verkehrsmittels, ansonsten eine Kilometergeldpauschale.

6. Kapitel

Finanzamt

Um das Finanzamt machen die meisten am liebsten einen großen Bogen. Wohl auch deshalb, weil die Steuergesetze immer komplizierter werden und kaum noch jemand durchsieht. Um keinen Steuervorteil zu verschenken, sollte man wissen: Einiges wird automatisch erledigt, wenn Sie die Angaben rechtzeitig auf der Lohnsteuerkarte gemeldet haben (zum Beispiel Kinderfreibetrag), anderes klappt nur auf Antrag. Vor allem müssen Sie aktiv werden, wenn Sie mit einem Steuerbescheid nicht einverstanden sind oder gerade nicht genug Geld für eine fällige Steuerzahlung beisammen haben.

Der Gesetzgeber erwartet nicht von jedem Steuerzahler, daß er am Jahresende einen Kassensturz mit dem Finanzamt macht. Da Arbeitnehmer jeden Monat – und meist nicht zu knapp – zahlen müssen, ist das aus Sicht des Staates auch zu verstehen. Wer es aber darauf anlegt, bekommt in der Einkommenssteuer-Veranlagung (früher: Lohnsteuer-Jahresausgleich) in der Regel einige Hunderter vom Fiskus zurück.

Einkommenssteuer: Kür und Pflicht der Erklärung

Wichtig zu wissen: Haben Sie unter 27 000 Mark Einkommen zu versteuern (Ehepaare 54 000 Mark), können Sie die Einkommenssteuer-Veranlagung beantragen, müssen es aber nicht. Über 27 000 bzw. 54 000 Mark ist die Einkommenssteuer-Erklärung Pflicht. Wer also über die magische Zahl kommt, muß den Kassensturz machen, sonst verlangt das Finanzamt saftige Strafgebühren. Gehören Sie zu denen, die unter 27 000 Mark Einkommen im Jahr zu versteuern haben, sich aber der Kür zum Kassensturz unterziehen wollen, sollten Sie vorher mit spitzem Stift rechnen (oder einem Lohnsteuer-Hilfeverein beitreten). Denn: Es ist möglich, daß Arbeitnehmer zu wenig gezahlte Steuern nachzahlen müssen. Sollten Sie etwas voreilig schon den Antrag gestellt haben, so können Sie ihn noch zurücknehmen – und zwar selbst dann noch, wenn das Finanzamt Ihnen bereits den Steuerbescheid übermittelt hat, und sogar noch einen Monat darüber hinaus (Einspruchsfrist).

In aller Regel lohnt sich die Veranlagung aber. Die ausgefüllten Formulare müssen allerdings fristgemäß beim Finanzamt eingereicht werden. Auch hier scheiden sich die Geister wieder an der »27 000/54 000 Mark-Grenze«. Wer weniger zu versteuern hat, kann sich mit dem Antrag zwei volle Jahre Zeit lassen (für die Veranlagung 1994 also bis 31. Dezember 1996). Wer mehr verdient oder auch nur eine Änderung auf der Steuerkarte zu verzeichnen hatte, muß schon bis zum 31. Mai des Folgejahres sein Einkommen erklären (für 1994 also bis 31. Mai 1995). Gerade die Frist bis Ende Mai ist schnell heran. Wer zu spät kommt, den bestraft auch hier das Leben, denn die eigenen Ansprüche sind danach unweigerlich verspielt. Ausweg: Sie beantragen im Zweifel vorsorglich eine Fristverlängerung und wahren damit Ihre Ansprüche auf Rückerstattung zuviel gezahlter Einkommenssteuer (siehe **Musterbrief 81** auf der folgenden Seite).

Über kurz oder lang setzt das Finanzamt Ihre Steuer endgültig fest und erteilt den Steuerbescheid. Der muß nicht unbedingt stimmen. Bei Unstimmigkeiten hilft Arbeitnehmern am ehesten ein Lohnsteuerhilfeverein (siehe Verbands-Adresse am Ende des Buches), Selbständigen ein Steuerberater (siehe Verbands-Adresse am Ende des Buches). Für den Widerspruch bleibt Ihnen nach dem Empfang nur ein Monat Zeit (vom dritten Tag, nachdem der Fiskus ihn zur Post aufgegeben hat, gilt der Bescheid für die Finanzbeamten als empfangen).

Falscher Bescheid: Änderung oder Einspruch?

Beim Widerspruch kommt es ziemlich genau darauf an, wer einen Fehler gemacht hat und wie der Widerspruch genannt wird. Haben Sie zum Beispiel vergessen, steuermindernde Umstände geltend zu machen, oder fechten Sie nur einen bestimmten Punkt im Bescheid als falsch an, so empfiehlt sich ein Antrag auf schlichte **Änderung des Steuerbescheids** (siehe **Musterbrief 82** auf der Diskette). Vorteil dieses »kleinen Einspruchs«, der gut begründet und mit Beweismitteln als Anlage versehen sein sollte: Es können nur die speziell angeschnittenen Punkte des Bescheids korrigiert werden; das Finanzamt kann also nicht plötzlich den gesamten Bescheid völlig anders beurteilen, sondern nur Detail-Änderungen vornehmen. Im Beamtendeutsch heißt das: Eine »Verböserung« des Steuerzahlers ist nicht zulässig.

Anders beim **Einspruch**. Hier wird womöglich der gesamte Steuerfall noch einmal vom Fiskus aufgerollt. Statt angestrebtem Steuernachlaß kann es auch zu Nachforderungen des Finanzamtes kommen (etwa durch inzwischen ergangene Gerichtsurteile der Finanz-

Fabian Fasel
Talerallee 81
29333 Rückerswind

Finanzamt von Rückerswind
Preßweg 1
29333 Rückerswind

Rückerswind,

Fristverlängerung

Sehr geehrte Damen und Herren,

ich bitte um stillschweigende und vorsorgliche Fristverlängerung für meine Einkommenssteuererklärung 19 ....

Ursprünglich ging ich davon aus, für die Veranlagung zwei Jahre Zeit zu haben. Möglicherweise ist dies aber wegen folgender Umstände nicht der Fall: ....
Daher bitte ich noch vor Ablauf der Frist um eine Verlängerung bis zum ....

Sollte ich von Ihnen nichts hören, gehe ich davon aus, daß mein Antrag genehmigt ist.

Mit freundlichen Grüßen

Fabian Fasel

Musterbrief 81: Fristverlängerung Finanzamt

gerichte, die die bisherige Rechtspraxis verändern). Auch für den Einspruch gegen den Steuerbescheid gilt die Monatsfrist (siehe **Musterbriefe 83 und 84** auf der Diskette).

Vorsicht: Mit dem Einspruch sind Sie keineswegs aus dem Schneider; die strittige Summe muß trotzdem fristgemäß bezahlt werden. Ansonsten setzt es einen Säumniszuschlag vom Finanzamt (ein Prozent Zinsen für jeden angefangenen Monat).

Wer den strittigen Betrag partout nicht zahlen will, sollte nicht den korrigierten Bescheid abwarten (bis dahin können viele Wochen vergehen), sondern sofort in die Offensive gehen. Am besten, Sie beantragen zugleich mit der schlichten Änderung bzw. dem Einspruch, die **Vollziehung** des Steuerbescheids **auszusetzen** (siehe **Musterbrief 85** auf der Diskette). Dann verhindern Sie Säumniszuschläge der Finanzkasse wegen ihrer verspäteten Zahlung und brauchen den strittigen Betrag bis zur Überarbeitung des Steuerbescheids noch nicht zu begleichen.

Einspruch abgelehnt: klagen!

Gibt das Finanzamt dem Einspruch schließlich recht, erhalten Sie einen korrigierten Bescheid (Abhilfebescheid) und brauchen den ausgesetzten Betrag natürlich nicht zu bezahlen. Wird der Einspruch dagegen abgelehnt, wird der ausgesetzte Betrag fällig (zuzüglich 0,5 Prozent Zinsen für jeden angefangenen Monat Zahlungsaufschub). Gegen die Ablehnung des Einspruchs hilft dann nur noch, vor dem Finanzgericht zu klagen. Dazu sollte ein Lohnsteuerhilfeverein bzw. ein Steuerberater hinzugezogen werden, obwohl Sie die **Klage** theoretisch auch ganz allein einreichen könnten (siehe **Musterbrief 86** auf der Diskette). Die Klage sollte gut begründet und eigenhändig unterschrieben sein. Vom gesamten Schriftsatz brauchen Sie vier Exemplare (zwei fürs Finanzgericht, einen fürs Finanzamt, einen für sich selbst). Notfalls kann die Begründung auch nachgereicht werden, etwa wenn der Steuerberater noch Zeit braucht, um alle Unterlagen durchzusehen und nochmals alle Angaben zu überprüfen.

Bringt auch die Klage keinen Erfolg, bleibt als letzte Chance die Revision vor dem Bundesfinanzhof (BFH) in München. Das klappt aber nur, wenn das Finanzgericht die Revision ausdrücklich zuläßt (steht in der Urteilsbegründung mit drin). Die Revision muß innerhalb eines Monats, nachdem Sie das vollständige Urteil erhalten haben, schriftlich beim BFH eingelegt werden (Adresse am Ende des Buches). Zur

Begründung haben Sie einen zusätzlichen Monat Zeit. Und hier stehen die Chancen gar nicht so schlecht, denn: Laut Stiftung Warentest fiel zuletzt jedes vierte Urteil des Bundesfinanzhofs zugunsten der klagenden Steuerzahler aus.

Neue Umstände: Stundung oder alte Ausgangsposition

Häufig muß es gar nicht zum Streit kommen, wenn Sie das Finanzamt rechtzeitig von neuen Umständen informieren. Zeichnet sich beispielsweise bei Unternehmer-Haushalten ab, daß die Steuerschuld in der nächsten Zeit deutlich weniger wird, so empfiehlt es sich, vom Finanzamt schnellstens Ihre Vorauszahlungen den neuen Verhältnissen anpassen zu lassen (siehe **Musterbrief 87** auf der Diskette). Ist der Grund plausibel, wird das Finanzamt sich nicht lumpen lassen. Falls es die Anpassung nicht vornimmt, können Sie sich darüber beschweren (analog Musterbrief 84, aber statt Einspruch als **Beschwerde**). Für Beschwerden, die ans Finanzamt oder die zuständige Oberfinanzdirektion zu richten sind, gelten die gleichen Fristen wie beim Einspruch.

Selbst wenn die Steuer völlig korrekt berechnet wurde, gibt es eine Chance, zumindest erst später als gefordert zu zahlen: mit Antrag auf **Stundung**. Das klappt allerdings nur auf Antrag und in unvorhersehbaren Härtefällen (siehe S. 68, **Musterbrief 88**).

Damit es mit der Stundung klappt, müssen Sie den Fiskus lückenlos über verbliebenes Vermögen aufklären. Zudem lohnt es, die finanzielle Notsituation amtlich beglaubigen zu lassen. Schließlich liegt es im Ermessen des jeweiligen Finanzbeamten, die Steuern zu stunden oder nicht (samt anschließender Möglichkeit für Sie, sich zu beschweren oder zu klagen).

Mitunter schaffen Sie es nicht, innerhalb der knappen Fristen rechtzeitig auf den Steuerbescheid zu reagieren, etwa durch verspätete Zusendung der Post nach einem Umzug oder durch längere Abwesenheit bei Urlaub, Kur oder Krankenhausaufenthalt. In solchen oder ähnlichen Ausnahmefällen soll niemand das Fell über die Ohren gezogen bekommen. Wer unverschuldet die Frist für den Rechtsbehelf verpaßt hat und sich nun über vermeintlich zu hohe Steuerforderungen ärgert, sollte unverzüglich beantragen, daß der Fiskus ihn wieder in den **vorigen Stand versetzt**, also so stellt, als ob die Einspruchsfrist dann erst beginnen würde (siehe **Musterbrief 89** auf der Diskette). Nur wenn der Antrag mit Beweisen gestützt wird, besteht Aussicht auf Erfolg.

Fabian Fasel
Talerallee 81
29333 Rückerswind

Finanzamt von Rückerswind
Preßweg 1
29333 Rückerswind

Rückerswind,

Steuernummer ….. / Steuerbescheid vom …../ Stundungsantrag

Sehr geehrte Damen und Herren,

im oben näher bezeichneten Bescheid setzen Sie eine Restzahlung von ………….. Mark zur Einkommenssteuer aufgrund der Steuererklärung 19 … fest. Zugleich setzen Sie die erste Rate der Vorauszahlungen für das laufende Jahr nur wenige Wochen später fest.

Dies stellt für mich eine außergewöhnliche Härte dar, zumal in der letzten Zeit weitere unvorhersehbare Ereignisse meine Liquidität stark beansprucht haben:

……………………..

Aufgrund dieses vorübergehenden finanziellen Engpasses, der so nicht vorhersehbar war, beantrage ich, die Steuer in mehreren Raten in Höhe von ………….. Mark monatlich bis spätestens ………….. zu entrichten und bitte um entsprechenden Bescheid. Aus genannten Gründen bitte ich zudem darum, von Stundungszinsen abzusehen.

Mit freundlichen Grüßen

Fabian Fasel

Musterbrief 88: Antrag auf Stundung von Steuerzahlungen

7. Kapitel

Gesetzliche Krankenversicherung

Die normale ärztliche Behandlung funktioniert seit Anfang 1995 bundeseinheitlich mit der Krankenversicherungskarte der jeweiligen Kasse. Der gute alte Krankenschein ist also passé; damit auch die lästige Pflicht, von Zeit zu Zeit neue Scheine zu beantragen. Interessante Krankheitsfolgen werden jedoch weiterhin nur auf Antrag gewährt, so Krankengeld, Kinderpflege-Krankengeld oder Kurkosten.

Krankheitsfolgen: Geld auf Antrag

Wird ein Arbeitnehmer krank, erhält er vorübergehend weiter die volle Vergütung von seinem Betrieb (Lohnfortzahlung). Ab der siebten Krankheitswoche wechselt der Geldgeber: Nun springt die Krankenversicherung ein. Die Zahlung von **Krankengeld** fällt jedoch geringer aus (80 Prozent von Lohn/Gehalt) und kommt auch nur auf Antrag (siehe **Musterbrief 90** auf der Diskette). Sind Sie nach insgesamt 78 Wochen immer noch krank, sollten Sie Erwerbsunfähigkeitsrente beantragen (siehe Kapitel 10). Falls es Unstimmigkeiten bei der Höhe des Krankengeldes gibt, sollten Sie dem Krankengeldbescheid der Kasse widersprechen (analog zum Musterbrief 19). Bleibt der Widerspruch erfolglos, hilft vielleicht eine Beschwerde beim Bundesversicherungsamt (Adresse am Ende des Buches) oder eine Klage vor dem zuständigen Sozialgericht (analog Musterbrief 59 auf der Diskette).

Mitunter gibt es auch eine bezahlte Freistellung für Berufstätige, wenn deren Kind krank wird und sich kein anderer darum kümmern kann. Dieses sogenannte Kinderpflege-Krankengeld erhalten gesetzlich Krankenversicherte für alle erkrankten Kinder unter 12 Jahren. Sie bekommen den anteiligen Nettoverdienst, also praktisch eine »Lohnfortzahlung von der Krankenkasse«. Für jedes Kind zahlt die Kasse höchstens 10 Tage im Jahr, bei mehreren Kindern höchstens 25 Tage. Alleinerziehende bekommen die doppelte Zeit für jedes Kind, also 20 bzw. 50 Tage. Geld fließt nur auf Antrag von der Krankenkasse; der Kinderarzt hat das entsprechende Formular parat, daß Sie an die Kasse schicken müssen. Wer daran nicht beim Arzt denkt, kann auch einen formlosen Brief an die Kasse schicken (siehe **Musterbrief 91** auf der Diskette).

Falls nach schwerer Krankheit oder aus anderen Gründen eine **Kur** zweckmäßig erscheint, sollten Sie dazu einen Antrag an die Krankenkasse (für jeden Versicherten) oder den Rentenversicherungsträger richten (nur für Mitglieder, die mindestens 60 Monate versichert sind und insgesamt schon 15 Jahre »Wartezeit« nachweisen). Dort gibt es auch die entsprechenden Formulare. Oder Sie stellen den Antrag formlos (siehe **Musterbrief 92** auf der nächsten Seite). Es lohnt sich, bei dieser Gelegenheit gleich die Kostenübernahme durch den Versicherungsträger zu beantragen; sonst kostet die Kur Sie viel Geld.

Bevor Sie den Kurantrag stellen, sollten Sie wissen: Eine Kur steht Arbeitnehmern in der Regel nur alle drei Jahre zu und in aller Regel nur in Deutschland. Unterschieden wird nach ambulanten (offene Badekur) und stationären (geschlossene Kur) Kuren.

Eine **ambulante Kur** gibt es nur bei der Krankenkasse (Bedingung: ärztliches Attest). Die übernimmt nur die Kosten für die ärztliche Behandlung voll. Für Arzneimittel, Bäder, Inhalation, Bestrahlung, Massage, Krankengymnastik und andere Heilmittel zahlt der Patient nach den jeweils aktuellen Zuzahlungsregeln zu (zum Beispiel z.Zt. 10 Prozent bei Massagen). Ausnahme: Sie sind generell von Zuzahlungen befreit oder haben im betreffenden Jahr schon die zumutbare Eigenbelastung in puncto Gesundheit geleistet. Kureinrichtung und Hotel muß der Patient selbst buchen, Hin- und Rückfahrt, Unterkunft und Verpflegung sowie Kurtaxe selbst bezahlen. Hinterher werden nach Vorlage der Rechnung davon höchstens 15 Mark pro Kurtag zurückerstattet.

Eine **stationäre Kur** gibt es bei Krankenkassen (falls eine ambulante Kur keinen Erfolg hatte) und Rentenversicherungsträgern (falls die rentenrechtlichen Voraussetzungen stimmen). Die Organisation der Kur übernimmt der Versicherer. Er bezahlt Fahrtkosten, Unterbringung, Verpflegung und ärztliche Betreuung. Falls ein kleines Kind zu Hause zu betreuen ist, werden auch die Kosten für eine Haushalthilfe oder ein Kindermädchen übernommen. Der Patient muß lediglich pro Kurtag 12 Mark (Wohnsitz West) bzw. 9 Mark (Wohnsitz Ost) zuzahlen, und zwar höchstens 6 Wochen lang (bei krankenhausähnlicher Kur höchstens 14 Tage). Ausnahme: Sie sind generell von Zuzahlungen befreit oder haben im betreffenden Jahr schon die zumutbare Eigenbelastung in puncto Gesundheit geleistet. Die stationäre Kur ist für Erwachsene also weitgehend kostenlos. Während dieser Zeit gibt es entweder Lohnfortzahlung vom Arbeitgeber oder Krankengeld von

Beate Kränkel
Kurgasse 90
29334 Gesundbrunnen

Krankenkasse ...... /Landesversicherungsanstalt
Schwesternweg 3
29334 Gesundbrunnen

Gesundbrunnen,

Mitgliedsnummer ....
Kur-Antrag

Sehr geehrte Damen und Herren,

mein Arzt .... hält eine Kur wegen meines Leidens an der .... für dringend geboten (siehe Kopie des Attests in der Anlage). Daher beantrage ich auf diesem Wege eine ambulante/stationäre Vorsorge-/Rehabilitations-Kur.

Da mein Familien-Bruttoeinkommen relativ gering ist (siehe Kopie der Verdienstbescheinigungen im Anhang), bitte ich von sämtlichen Zuzahlungen befreit zu werden und beantrage volle Kostenübernahme durch Sie. Außerdem beantrage ich die Übernahme der Kosten für eine Haushaltshilfe/ Kindermädchen zur Betreuung meines ...jährigen Kindes während der Kur. Falls Sie weitere Angaben wünschen oder Vordrucke auszufüllen sind, schicken Sie mir die Unterlagen bitte umgehend zu. Für telefonische Rückfragen bin ich unter der Nummer .... erreichbar (von .... bis .... Uhr).

Mit freundlichen Grüßen

Beate Kränkel

Musterbrief 92: Kur-Antrag

der Kasse (meist ab 7. Woche). Sind Sie während der Kur bereits über 78 Wochen krank, dann gibt es Übergangsgeld von der Rentenversicherung: 75 Prozent des letzten Netteinkommens (mit Kind 90 Prozent), danach bei beruflicher Rehabilitation 68 Prozent vom Arbeitsamt (mit Kind 75 Prozent).

Wichtig: Kinderkuren (dauern 6 Wochen) sind komplett kostenlos. Die Heilbehandlung kommt allerdings nur für Kinder und Jugendliche in Betracht, bei denen Mutter oder Vater gesetzlich versichert ist (außer Beamte) und bei denen eine reelle Chance besteht, die Gesundheit merklich zu verbessern. Typische Gründe sind Erkrankungen der Atemwege, von Haut, Herz und Kreislauf, Verdauungsorganen, Bewegungsapparat sowie Allergien und Übergewicht in Verbindung mit weiteren Risikofaktoren (keinesfalls für Infektionskrankheiten). In den Genuß können Kinder bis zum 18. Geburtstag kommen, bei Schul- oder Berufsausbildung bis spätestens 27. Die Versicherung übernimmt auch voll die Kosten für Reise, erforderliche schulische Betreuung und gegebenenfalls die Unterbringung einer Begleitperson.

Wer relativ wenig verdient, aber häufiger krank ist (oder seine mitversicherten Angehörigen), kann sich entweder vollständig oder teilweise von der **Zuzahlung** zu den medizinischen Leistungen **befreien** lassen (siehe **Musterbrief 93** auf der Diskette). Lassen Sie sich am besten schon zu Jahresbeginn von Ihrer Kasse ein Quittungsheft für alle Ausgaben, die Sie aus eigener Tasche bezahlen, geben. Härtefälle – und damit von Zuzahlungen befreit – sind alle Kassenpatienten, die arbeitslos sind, Sozialhilfe empfangen, in einem Heim betreut werden oder Kriegsopferversorgung bekommen. Berufstätige Kassenmitglieder sind Härtefälle und bekommen alle Ausgaben zurück, wenn Ihr monatliches Brutto-Haushalts-Einkommen (3 Personen) 1994 in den Alt-Ländern unter 2 548 Mark blieb, in den Neu-Ländern unter 2 002 Mark. Wer so wenig verdient, sollte bei seiner Kasse schon zu Jahresbeginn einen Antrag auf vollständige Befreiung von Zuzahlungen stellen. Haben Sie das versäumt, können Sie auf Antrag am Jahresende alle Kosten (außer Krankenhaus und kieferorthopädische Behandlung), die Sie ausgelegt haben, zurückbekommen (Kassen-Jahresausgleich). Wer mehr verdient, dem wird eine höhere Eigenbeteiligung zugemutet, und zwar bis zu 4 Prozent des Einkommens (maximal bis zur Beitragsbemessungsgrenze der Krankenversicherung). Alles, was Sie über diese zugemutete monatliche Eigenbeteiligung hinaus selbst bezahlen, muß die Kasse Ihnen am Jahresende auf Antrag erstatten. Bei Fragen hilft die Aufsichtsbehörde der Krankenkassen, das Bundesversicherungsamt (Adresse am Ende des Buches).

Stirbt ein gesetzlich Krankenversicherter, erhalten die Angehörigen womöglich **Sterbegeld**. Voraussetzung: Der Tote war selbst oder über die Familienversicherung schon vor 1989 in einer Krankenkasse (bzw. in der Sozialversicherung der ehemaligen DDR) versichert. Dann stehen den Hinterbliebenen bis zu 2100 Mark zu, wenn ein Kassenmitglied gestorben ist (bei Tod eines mitversicherten Familienangehörigen die Hälfte). Den Antrag sollten Sie samt Sterbeurkunde und Rechnungen über die Bestattung direkt an die Kasse richten (siehe **Musterbrief 94** auf der Diskette). Die Kasse zahlt auch anstandslos direkt an das Bestattungsunternehmen (das den Betrag mit den tatsächlichen Kosten verrechnet), wenn Sie dazu eine Vollmacht ausstellen.

8. Kapitel

Schule

Gut beraten sind alle Eltern, sich auch in Schulangelegenheiten ihrer Kinder an die entsprechende Form zu halten, wenn sie ihre Interessen durchsetzen möchten. Denn zunächst gilt für alle Kinder, die bis zum 30. Juni sechs Jahre und älter sind, die Schulpflicht. Das bedeutet auch: Für jedes Fernbleiben des Kindes vom Unterricht ist eine schriftliche Mitteilung an die Schule erforderlich.

Urlaub von der Schule: Nur auf Antrag

Je nachdem, wie lange die Freistellung vom Unterricht dauern soll, ist entweder der Schulleiter (mehr als einen Tag), der Klassenlehrer (bis zu einem Tag) oder notfalls nur der Fachlehrer (bei Versäumnis nur der betreffenden Stunde) zuständig. Selbstverständlich muß das Gesuch vorher gestellt werden, weil die Schule durchaus auch »nein« sagen kann. Bei Krankheit des Kindes kann die Entschuldigung natürlich erst hinterher erfolgen.

Haben Sie vor, den Sprößling gleich für mehrere Tage aus der Schule zu nehmen, so sollte dafür schon ein guter Grund vorliegen und auch erläutert werden, etwa der Urlaubsbeginn der Familie aus dienstlichen Gründen schon zwei Tage vor Ferienbeginn (siehe **Musterbrief 95** auf der folgenden Seite).
Häufiger kommt es vor, daß der Schüler nur einen Tag ganz oder teilweise fehlen muß, etwa wegen eines speziellen Facharzttermins, einer dringenden familiären Verpflichtung oder eines notwendigen Behördengangs. Dann empfiehlt sich eine rechtzeitige Notiz mit Begründung an den Klassenlehrer (siehe **Musterbrief 96** auf der Diskette).

Falls das Kind plötzlich erkrankt und umgehend zum Arzt muß, hilft nur noch eine nachträgliche Entschuldigung (auch an den Klassenlehrer). Fehlt der Schüler wegen Krankheit nicht länger als drei Tage, reicht es aus, die Entschuldigung hinterher persönlich abzugeben (siehe **Musterbrief 97** auf der Diskette). Dauert die Krankheit länger, muß die Entschuldigung per Brief an die Schule geschickt werden, möglichst mit Kopie einer ärztlichen Bescheinigung (nicht Bedingung).

Aus bestimmten Gründen kann ein Schüler ganz von der Teilnahme an einem Unterrichtsfach befreit werden, etwa dann, wenn gesundheitliche Gründe vorübergehend oder dauerhaft gegen sportliche Betätigung sprechen. Eltern sollten dann einen Antrag an die Schulleitung stellen und die Sportbefreiung des Arztes dazutun (siehe **Musterbrief 98** auf der Diskette). Vom Religionsunterricht kann man sich sogar ohne Grund befreien lassen (siehe wieder Musterbrief 98); allerdings kann die Schulleitung den Betreffenden dann zu Ersatzunterricht verpflichten.

Beschwerde über Lehrer

Hin und wieder kann es zu Problemen zwischen Eltern und Schule kommen, insbesondere wenn das eigene Kind offensichtlich ungerecht behandelt wurde. Dann sollten Eltern umgehend das Gespräch mit dem Klassenlehrer suchen, gegebenenfalls auch mit dem betreffenden Fachlehrer. In aller Regel ist die Sache damit aus der Welt, ohne daß der Lehrer den Schüler deswegen längere Zeit »auf dem Kieker« hat. Kommt es jedoch nicht zu einer Einigung oder Ihr Kind fühlt sich hinterher vom Lehrer besonders gegängelt oder das Problem betrifft mehrere Schüler, dann empfiehlt sich ein Beschwerdebrief an die Schulleitung oder den Elternsprecherrat (siehe **Musterbrief 99** auf der

Roswitha Renner
Sturzbach 95
29335 Reißaus

Direktor der ....schule
Strebergracht 14
29335 Reißaus

Reißaus,

Beurlaubung vom Unterricht

Sehr geehrter Herr Schuldirektor,

ich möchte Sie bitten, mein Kind ...., Schüler der Klasse ...., für die Zeit vom .... bis zum ....
(....... Tage) vom Unterricht zu beurlauben.

Zu dieser Zeit wird unsere ganze Familie wegen

....

in .... sein. Sie werden verstehen, daß wir unser Kind nicht allein zurücklassen können. Der versäumte Unterrichtsstoff wird selbstverständlich nachgeholt.

Mit freundlichen Grüßen

Roswitha Renner

Musterbrief 95: Antrag auf Beurlaubung vom Unterricht

Diskette). Kommt es auch dann zu keiner einvernehmlichen Lösung, sollten Sie eine Briefkopie mit Begleitschreiben an die letzte Instanz schicken, das zuständige Schulamt.

9. Kapitel

Behördennahe Dienstleistungsfirmen

Dienstleistungen, die noch in der Hand des Staates (Telekom, Postdienst), der Kommune (Strom, Gas, Wasser, Müll, Abwasser) oder von Monopolen (Deutsche Bahn AG) sind, beschwören häufig Ärger herauf, weil mangelnder Wettbewerb offenbar zu Selbstzufriedenheit und Preisdiktat führt. Denken Sie nur an den jahrelangen Streit mit der Telekom über überhöhte Telefonrechnungen, gegen die immer noch kein rechtliches Kraut gewachsen ist. Hier nun die wichtigsten Tips, wie Sie sich gegen Unrecht von »behördennahen« Dienstleistungsfirmen wehren können.

Versorgungsfirmen: Anträge, Beschwerden, Abrechnungen

Bei jedem Wohnungswechsel sollte das Unternehmen, das Ihnen **Strom, Gas** und **Wasser** bereitstellt, informiert werden, damit rechtzeitig eine Endabrechnung stattfinden kann und Sie auch in der neuen Wohnung gleich klare Verhältnisse schaffen. Wer nicht umzieht, aber beispielsweise Energieträger im Haushalt umstellen will, muß vorher dazu einen Antrag stellen (Mieter zuallererst an den Eigentümer!).

Beispiel: Die Heizung soll von Koks/Kohle auf Gas umgerüstet werden. Dazu muß zuerst der Bezirksschornsteinfeger seine Genehmigung erteilen (Gutachten wird formlos angefordert), und dann muß der künftige Versorger zustimmen (siehe **Musterbrief 100** auf der Diskette). Üblicherweise reicht die Heizungsbaufirma den Antrag von sich aus gleich ans Gas-Unternehmen weiter.

Mitunter gibt es auch Ärger mit der **Müllabfuhr**, etwa wenn die Tonne nicht wie vereinbart geleert wird und nun überquillt. Da hilft erfahrungsgemäß ein Anruf bei der Stadtreinigung am schnellsten.

Läßt die Firma Ihren Müll jedoch häufiger links liegen, so sollten Sie sich das nicht gefallen lassen und eine entsprechende Beschwerde loslassen (siehe **Musterbrief 101** auf der Diskette). Zwar können Sie kein Konkurrenzunternehmen beauftragen, doch die Ankündigung, Rechnungen zu kürzen oder gar nicht zu bezahlen, dürfte ihre Wirkung nicht verfehlen. Schließlich sind die Kommunen einem rigorosen Sparzwang ausgesetzt, den sie nicht permanent durch Ausfall geplanter Gebühreneinnahmen gefährden können. Falls das nicht hilft, sollten Sie gemeinsam mit einem Anwalt weitere rechtliche Schritte bis hin zur Klage gegen die zuständige Behörde in Erwägung ziehen (siehe nochmals Musterbrief 59 auf der Diskette).

Wird die Leistung zwar vollständig erbracht, aber die **Abrechnung** von Strom, Wasser oder Gas stimmt nicht, so empfiehlt es sich, umgehend und schriftlich zu widersprechen. Die Stiftung Warentest rät, je nachdem, ob es sich um einen offensichtlichen oder nicht offensichtlichen Fehler handelt, zu folgendem Vorgehen: Wenn die Abrechnung auf falschem Zählerstand beruht oder Rechenfehler enthält, sollte darauf verwiesen und die Zahlung verweigert werden (siehe S. 78, **Musterbrief 102**). Stimmt die Rechnung formal, fällt aber extrem aus dem herkömmlichen Rahmen, so muß sie zunächst voll bezahlt werden; zugleich sollten Sie aber eine Überprüfung verlangen (siehe **Musterbrief 103** auf der Diskette).

Bevor Sie jedoch eine Überprüfung der ungewöhnlich hohen und damit vermutlich falschen Rechnung samt Zähler fordern, sollten Sie sich über mögliche Kosten im klaren sein. Ist der Zähler tatsächlich defekt, so gibt es zuviel gezahlte Gebühren zurück, gratis einen neuen Zähler und die Überprüfung selbst bleibt kostenlos. Ist der Zähler dagegen in Ordnung, so war nicht nur die Hoffnung auf Rückzahlung trügerisch, sondern zusätzlich muß der Kunde die Überprüfungskosten tragen.

Post und Bahn: Telefonärger, Nachforschung, Verlustmeldung

Telefonkunden können ein Lied von falschen Abrechnungen singen. Hier wird der Stiftung Warentest zufolge nicht nach offensichtlich und weniger offensichtlich falschen Rechnungen unterschieden, sondern jeder kann prinzipiell die Bezahlung verweigern, wenn ihm die Rechnung zu hoch erscheint. Pferdefuß: Die Telekom hat ihrerseits das Recht, den Anschluß zu sperren, wenn mehrere Rechnungen nicht

Katja Ketzer
Wassermühle 100
29336 Postlow

Versorgungsunternehmen von Postlow
Stromschnelle 9
29336 Postlow

Postlow,

Kundennummer................, Abrechnung vom ....

Sehr geehrte Damen und Herren,

am .... erhielt ich oben genannte Abrechnung für die Zeit von .... bis .... Danach soll ich insgesamt .... verbraucht haben. Dies kann nicht stimmen.

Laut von Ihnen abgelesenem und auf der Rechnung dokumentiertem Zählerstand ergibt sich ein Verbrauch von nur ...., also .... weniger als tatsächlich verlangt.

Der Rechnungsbetrag ist offensichtlich fehlerhaft. Daher werde ich die Summe nicht bezahlen. Falls Sie dennoch abbuchen und den überschüssigen Betrag nicht innerhalb von zwei Wochen auf mein Konto rückbuchen, werde ich die Einzugsermächtigung widerrufen.

Bitte schicken Sie mir die korrigierte Rechnung bis .... zu.

Mit freundlichen Grüßen

Katja Ketzer

Musterbrief 102: Offensichtlich falsche Abrechnung

bezahlt wurden. Um unnötigem Streit aus dem Weg zu gehen, empfiehlt sich, beizeiten den Anschluß überprüfen zu lassen, da womöglich Fremde über Ihre Nummer telefonieren können. Zugleich sollte die **überhöhte Telefonrechnung** beanstandet werden (siehe **Musterbrief 104** auf der Diskette). Vor Gericht haben gebührengeplagte Kunden nur gute Karten, wenn sie belegen können, daß die Rechnung augenscheinlich zu hoch war. Dies gelingt neuerdings durch Registrierung aller Gespräche auf einem sogenannten Telefonrecorder (kostet samt Drucker etwa 750 Mark). Mit diesem elektronischen Telefonwächter kann der Kunde am sogenannten Beweis des ersten Anscheins rütteln, den die Richter der Telekom zunächst einräumen, weil sie den Gebrauch technisch einwandfreier Gebührenzähler unterstellen. Die Telekom plant einen eigenen Service: Der Telefonkunde kann sich dann gegen eine geringe Gebühr monatlich eine Liste der von ihm geführten Telefongespräche mit Anrufsziel, Datum und zeitlicher Dauer des Gesprächs zusenden lassen. Wann Sie mit der Realisierung dieser Planung jedoch rechnen können, stand bei Drucklegung des Buches noch nicht fest.

Wer nun belegen kann, daß die Abrechnung nicht schlüssig ist, kehrt die Beweislast um. Dann muß die Telekom beweisen, daß Sie tatsächlich soviel wie berechnet telefoniert haben. Tip bei einer arg strittigen Rechnung: Einzugsermächtigung widerrufen und nur den Durchschnittsbetrag der letzten Monate zahlen und Rechtsrat einholen, etwa bei der Interessengemeinschaft Telekom-Geschädigter (Adresse am Ende des Buches).

Auch für die »normalen« Fälle rund ums Telefon ist die Telekom zuständig. So muß ein **Telefonanschluß** schriftlich beim Fernmeldeamt Ihres Wohnortes beantragt werden (siehe **Musterbrief 105** auf der Diskette). Oder Sie haben bereits ein Telefon, doch das ist offenbar defekt. Dann kümmert sich die Telekom nach Auftrag darum. Allerdings beseitigt Sie den Fehler am **defekten Gerät** nur kostenlos, wenn es sich um ein von ihr installiertes Endgerät handelt, für das der Kunde im Rahmen seiner Telefonrechnung monatlich eine »Mietgebühr« bezahlt (siehe **Musterbrief 106** auf der Diskette). Wer die Gefahr überhöhter Telefonrechnungen oder Mißbrauch des Anschlusses von vornherein ausschalten will, sollte bei längerer Abwesenheit (Urlaub!) seinen Anschluß sperren lassen. Dieser Service, für den ein formloser Antrag genügt (siehe **Musterbrief 107** auf der Diskette), ist kostenlos und bringt zusätzliche Argumente, falls es danach wieder zu einer überhöhten Abrechnung kommen sollte. Wer demnächst die Wohnung wechselt, sollte vor dem Umzug den **Telefonanschluß abmelden** (siehe **Musterbrief 108** auf der Diskette). Dann beugt man Mißbrauch und Abrechnungsschwierigkeiten vor.

Nach dem Privatisierungsbeginn der Bundespost ist Post nicht mehr gleich Post. Als richtige Adresse für Streitfälle rund ums Telefon gilt die Telekom, rund um Briefe und Pakete der Postdienst, rund um Geldanlagen die Postbank. Im Detail sagt Ihnen das Postamt, an wen Sie sich wenden können. Geht beispielsweise ein Paket verloren, so sollten Sie einen **Suchauftrag für die Postsendung** auslösen (siehe **Musterbrief 109** auf der Diskette). Einen ähnlichen Brief sollten Sie an die Bundesbahn schicken (wenn aufgegebenes Gepäck verlorenging; besser ist jedoch eine Verlustmeldung gleich vor Ort) oder ans zuständige Fundbüro, wenn Sie etwas liegengelassen oder verloren haben (siehe **Musterbrief 110** auf der Diskette). Wollen Sie sich Post nachschicken lassen, so tut es ein **Nachsendeantrag**, den es beim Postamt als Postkarten-Vordruck gibt (siehe **Musterbrief 111** auf der Diskette). Sie schicken den Antrag per Post an das bisherige Zustellpostamt und bekommen dann bis zu sechs Monate lang Karten und Briefe (ohne Nachnahme), Päckchen (außer Luftpost und Schnellsendungen), Postgüter, Post- und Zahlungsanweisungen sowie Einschreibebriefe gebührenfrei nachgeschickt. Auf Wunsch werden auch Wertbriefe, Schnellsendungen, Luftpost-Päckchen und Pakete nachgeschickt, aber nur gegen eine Extra-Zustellgebühr.

10. Kapitel

Rente

Vorab: Jeder Arbeitnehmer hat ein Rentenversicherungskonto. Die Nummer steht in Ihrem Sozialversicherungsausweis. Nur ein vollständiges Konto bildet die Grundlage für schnelle und richtige Rentenzahlung. Da sich die Rente nach schwer nachvollziehbaren Methoden berechnet und stark das individuelle Leben berücksichtigt, kennt vorher kaum jemand seine eigenen Rentenansprüche fürs Alter.

Vorher: Anspruch auf Information und Kontenauffüllung

Jedermann hat aber das Recht auf Information. Im Normalfall schickt Ihr Versicherungsträger Ihnen ab dem 45. Geburtstag unaufgefordert alle sechs Jahre einen groben **Versicherungsverlauf**. Wer jünger ist, kann ebenfalls den aktuellen Stand erfragen, allerdings immer nur auf Antrag (siehe **Musterbrief 112** auf der Diskette). Wollen Sie sich schon ein ganz genaues Bild von Ihrer Altersrente machen, können Sie in späteren Jahren eine Rentenauskunft verlangen. Die sendet Ihr Versicherungsträger ab 55. Geburtstag unaufgefordert zu, bei Jüngeren wieder nur auf Antrag.

Achtung: Bis 31. Dezember 1996 sind die Versicherungsträger vorübergehend nicht verpflichtet, Versicherungsverläufe anzufertigen und Rentenauskünfte zu erteilen.

Gerade in Umbruchzeiten wie der deutschen Vereinigung geraten Lebensläufe heftig durcheinander. Schon lange vor der Altersrente sollte man darauf achten, daß keine zeitlichen Lücken auf dem Rentenkonto entstehen. Wer später merkt, daß er nicht alle Ansprüche nachweisen kann, sollte **fehlende Beitragsnachweise nachfordern**, insbesondere von früheren Arbeitgebern (siehe **Musterbrief 113** auf der Diskette). Die sind dazu verpflichtet, sofern die Firma noch existiert. Andernfalls können Freunde, Nachbarn, ehemalige Arbeitskollegen, frühere Chefs eine **Zeugenerklärung** für Sie abgeben (siehe **Musterbrief 114** auf der Diskette). Falls beides nicht in Betracht kommt, hilft als letzter Weg eine eigene eidesstattliche Versicherung (analog zu Musterbrief 114) an den Rentenversicherungsträger.

Nachher: Antrag, Widerspruch, Änderung

Ist die Zeit für den Ruhestand gekommen, sollten Sie die **Rente** formlos beantragen. Es genügt ein kurzes Schreiben an Ihren Rentenversicherungsträger (in der Regel die BfA für Angestellte, die LVA für Arbeiter), daß Sie eine bestimmte Rente beanspruchen wollen (siehe S. 82 **Musterbrief 115**).

Im Gegenzug erhalten Sie das unvermeidliche Antragsformular. Stören Sie sich bloß nicht an dessen Umfang; die meisten Fragen werden Sie gar nicht betreffen und müssen auch nicht beantwortet werden. Den Antrag sollten Sie etwa drei Monate vor dem voraussichtlichen Rentenbeginn stellen. Wer das vergißt, muß mit Einbußen rechnen, denn rückwirkend wird die Rente nur bestimmte Zeit gezahlt (Alters-

Helene Altmann
Kirchstr. 112
29337 Rentfort

Rentenversicherungsträger …
Dienstweg 6
29337 Rentfort

Rentfort,

Rentenantrag / Versicherungsnummer …………

Sehr geehrte Damen und Herren,

hiermit beantrage ich ……………………………………… rente ab ………………………

Eine Verdienst-Vorausbescheinigung meines jetzigen Arbeitgebers für die letzten drei Monate bis zur Rente liegt bei. Vorsorglich beantrage ich einen Rentenabschlag in Höhe von …….. Mark monatlich, falls der endgültige Betrag bei Rentenbeginn noch nicht festgesetzt ist.

Mit freundlichen Grüßen

Helene Altmann

Musterbrief 115: Rentenantrag

rente bis zu 3 Monate, Hinterbliebenenrente bis zu 12 Monate). Ist der Antrag rechtzeitig gestellt, steht Ihnen die volle Rente zu, auch wenn die Bearbeitung vielleicht länger dauert. Auf die Bearbeitung können Sie selbst Einfluß nehmen, indem Sie sich von Ihrem Arbeitgeber eine Verdienst-Vorausbescheinigung für die letzten drei Arbeitsmonate bis zur Rente geben lassen. Falls Sie von Ihrem Rentenantrag nichts mehr hören, fragen Sie nach. Immerhin können Sie einen Abschlag verlangen, wenn bei Rentenbeginn noch nicht die endgültige Höhe ausgerechnet ist (nur auf Antrag; siehe wieder Musterbrief 115).

Liegt der Rentenbescheid dann vor, sind viele wegen der vermeintlich geringen Summe enttäuscht. In krassen Fällen sollten Sie einen Rentenexperten nachrechnen lassen. Ihr Rentenversicherungsträger hat nämlich nicht immer recht. Das beweisen zahlreiche Verfahren vor Sozialgerichten, wo Rentner fast jeden dritten Fall gewinnen. Die Rente ist also auf jeden Fall zu »beklagen«. Bevor Sie jedoch vor die Schranken des Gerichts treten, muß der Rentenversicherungsträger Gelegenheit bekommen, seine eigene Entscheidung noch einmal zu überprüfen. Das heißt: Bevor Sie klagen können, müssen Sie gegen den **Rentenbescheid Widerspruch** einlegen (siehe **Musterbrief 116** auf der Diskette). Dazu besteht einen Monat lang, nachdem Sie den Bescheid erhalten haben, Gelegenheit. Eine unabhängige Widerspruchsstelle prüft den angefochtenen Bescheid. Sind Sie dabei erfolgreich, steht Ihnen neben der erstrittenen Leistung aus der Rentenversicherung (meist eine höhere Rente) die Erstattung aller notwendigen Aufwendungen (samt Anwalt oder Rentenberater) zu.

Brachte der Widerspruch nichts ein, obwohl Sie sich beweisbar benachteiligt fühlen, sollten Sie vors Sozialgericht ziehen. Die Klage muß spätestens einen Monat, nachdem Sie den Widerspruchsbescheid erhalten haben, eingereicht werden (vergleiche dazu Musterbrief 86). Im Regelfall gibt es kein Prozeßkostenrisiko. Nur wenn schon vorher keine Aussicht auf Erfolg besteht, brummt das Gericht dem Versicherten bei einer Niederlage die Gerichtskosten auf (sogenannte Mutwillenskosten). Stehen die Chancen dagegen wenigstens verteilt, bleiben Sie von Gerichtskosten in jedem Fall verschont. Gebühren werden bei einer Niederlage nur für den eigenen Anwalt fällig. Anwaltszwang besteht nur in der letzten Instanz: vor dem Bundessozialgericht.

Ist endlich alles klar, und die wohlverdiente Rente fließt, können sich die Umstände ändern. Leider häufiger Fall: Der Ehepartner stirbt. Dann sollten Sie Hinterbliebenenrente beantragen (vergleiche Musterbrief 115). Die bekommt jede Witwe, wenn der Tote eine eigene Rente erhielt oder mindestens fünf Jahre gesetzlich rentenversichert war. Maßstab für die Höhe sind die Ansprüche, die der verstorbene Ehemann zuletzt auf eigene Altersrente bzw. Erwerbsunfähigkeitsrente hatte. Die Witwe bekommt davon in den ersten drei Monaten nach dem Tod 100 Prozent (Sterbevierteljahr). Danach sind es entweder noch 60 Prozent (»große« Witwenrente; beispielsweise für Frauen ab 45) oder nur 25 Prozent (»kleine« Witwenrente).

Stellen Sie den Antrag auf **Witwenrente** beim Rentenversicherungsträger Ihres Gatten innerhalb eines Jahres, da die Rente höchstens für 12 Monate nachgezahlt wird. War der Verstorbene bereits Rentner, beantragen Sie am besten bei der Rentenrechnungsstelle der Bundespost einen Vorschuß auf das Sterbevierteljahr. Eile tut bei der Post aber not: Dieser Antrag muß innerhalb von 20 Tagen nach dem Tod des Gatten gestellt werden. Dazu brauchen Sie nur zum nächsten Postamt zu gehen und ein Formular mit der »Meldung vom Tod des Ehegatten – **Rente im Sterbevierteljahr**« ausfüllen und abgeben. Extra müssen Sie bei der Rentenversicherung den Antrag auf die Witwenrente stellen. Falls die Frist bei der Post fast schon verstrichen ist, hilft zunächst ein formloser Brief, um die Ansprüche zu wahren (siehe **Musterbrief 117** auf der Diskette).

Will eine Witwe wieder heiraten, so verliert sie den Anspruch auf die bisherige Witwenrente. Dafür bekommt sie eine einmalige »Heiratsabfindung«. Das sind 24 Witwenrenten auf einen Schlag. Die Monatshöhe ist aber nicht unbedingt mit der bisherigen Zahlung identisch, sondern der Durchschnittsbetrag der letzten 12 Monate. Falls die neue Ehe beendet wird (Scheidung oder Tod des Gatten), gibt es auf Antrag erneut Witwenrente: die alte Witwenrente aus erster Ehe lebt auf, erweitert um die Versorgungsansprüche aus der zweiten Ehe (siehe **Musterbrief 118** auf der Diskette).

Teil B:
Briefe an den Arbeitgeber

11. Kapitel

Rund um den Arbeitsplatz

Jeder neue Job beginnt mit einer Bewerbung. Dieses Schreiben ist Ihre persönliche Visitenkarte. Das erste Ziel sollte es sein, sich positiv von den Mitkandidaten abzuheben, und zwar zunächst in der Form (siehe Musterbrief 1). Alle Formulierungen müssen betont sachlich, klar und präzise sein und dürfen auf keinen Fall irgendwo abgeschrieben wirken. Nehmen Sie auf die Anzeige oder das Telefongespräch Bezug, wodurch Sie auf die freie Stelle aufmerksam geworden sind. Stellen Sie dann knapp und unmißverständlich Ihr Interesse an dem Job dar und das, was Sie unverwechselbar macht. Formulieren Sie so aktiv wie möglich: »Ich unternahm...« statt »Mir wurde angeboten...« (siehe **Musterbrief 119** auf der Diskette). Insgesamt zählen bei Bewerbungsunterlagen vor allem:

- tadellose äußere Form
- gutes, sachliches Porträtfoto
- Unterlagen sortiert und in Klarsichthüllen
- Anschreiben an Personalchef mit dessen vollem Namen
- tabellarischer Lebenslauf (höchstens zwei Seiten)
- gut lesbare Zeugniskopien
- Referenzen und Arbeitsproben.

Arbeitsvertrag: Jedes Wort zählt

Viele Deutsche werden unter Wert bezahlt. Entweder erhalten sie ein finanzielles Angebot, das weit unter Tarif liegt (Lohndumping), oder gesetzliche Vorschriften bzw. tarifliche Regeln über Kündigungsfristen, Urlaubsregelungen und Gleichbehandlung von Mann und Frau werden mißachtet. Informieren Sie sich vor **Abschluß des Arbeitsvertrages** über tarifgebundene bzw. orts- und branchenübliche Arbeitsbedingungen. Hilfe geben zum Beispiel Rechtsschutzabteilungen der

Gewerkschaften (Adresse am Ende des Buches). Faustregel: Erst alles regeln und schriftlich festhalten (auch einen Arbeitsrechtler fragen), dann unterschreiben.

Arbeitsverträge können sehr kompliziert und detailliert sein. Dabei gibt es keinen vorgeschriebenen Mindestinhalt. Was nicht ausdrücklich im Vertrag steht, kann der Arbeitgeber später zu seinen Gunsten auslegen. Als Arbeitnehmer können Sie daher jederzeit, auch nachträglich, die schriftliche Fixierung mündlicher Absprachen verlangen. Vorgeschrieben sind schriftliche Verträge nur bei Berufsgenossenschaften, Krankenkassen und im öffentlichen Dienst.

Im Prinzip bestimmen drei Faktoren den Vertragsinhalt:

- alles muß sich im Rahmen der Gesetze bewegen,
- der gültige Tarifvertrag muß beachtet werden (zum Beispiel Lohngruppen und Urlaubsansprüche),
- Betriebsvereinbarungen müssen berücksichtigt werden.

Auf diese Bestimmungen kann der Arbeitgeber im Arbeitsvertrag höchstens noch eins drauflegen (zum Beispiel beim Lohn), Abweichungen nach unten sind unwirksam. Die Gewerkschaften informieren über gültige Tarife. Wichtige Punkte jedes Arbeitsvertrages sind meist schon durch den Tarifvertrag vereinbart: Lohngruppen, Arbeitszeit, Urlaub, Sonderzahlungen, vermögenswirksame Leistungen und Kündigungsfristen. Enthält der Entwurf des Arbeitsvertrages in wichtigen Punkten Lücken, so sollten Sie dem Personalchef höflich, aber bestimmt eine eigene Vorstellung entgegensetzen (siehe **Musterbrief 120** auf der Diskette).

Späterer Streit läßt sich zum Beispiel vermeiden, wenn Sie von vornherein im Vertrag darauf dringen, daß auf den geltenden Tarifvertrag Bezug genommen wird und daß alle Zahlungen und deren Modalitäten schriftlich festgehalten werden (auch Überstundenregelung). Teilzeitbeschäftigte dürfen nicht zu Überstunden gezwungen werden. Sie sollten jedoch Ihre genaue Arbeitszeit in den Vertrag aufnehmen lassen. Haben Sie das versäumt, kann der Arbeitgeber mit einer Ankündigungsfrist von drei Tagen einseitig die Arbeitszeit verschieben.

Berufsalltag: Überraschungen

Ist der Arbeitsvertrag perfekt, können Sie sich mit Tatendrang in den neuen Job stürzen. Nach erfolgreicher Probezeit dürfen Sie auch mal an

Urlaub denken. Für den Antrag gibt es in jeder Firma Formulare. Falls jedoch in den Ferien unvorhergesehene Probleme auftauchen und sich die Rückkehr an den Arbeitsplatz verzögert, sollten Sie schnellstens Ihren Chef verständigen, um nicht eine Kündigung wegen **Unpünktlichkeit** zu riskieren (siehe **Musterbrief 121** auf der Diskette). War dagegen im Urlaub alles bestens, geht der Arbeitsalltag wie gewohnt weiter.

Eines Tages hören Sie jedoch von einem berufsbezogenen Seminar, das Sie nicht verpassen wollen, und beantragen **Bildungsurlaub**. Dahinter verbirgt sich Sonderurlaub von 5 Tagen pro Jahr für Arbeitnehmer (die sich politisch oder beruflich weiterbilden wollen), der zusätzlich zum Jahresurlaub gewährt wird. Lohn und Gehalt werden in dieser Zeit vom Arbeitgeber weitergezahlt; den Kurs selbst muß der Arbeitnehmer bezahlen. Ein entsprechendes Bildungsurlaubsgesetz gibt es jedoch noch nicht in Bayern, Baden-Württemberg, Sachsen, Thüringen, Sachsen-Anhalt und Mecklenburg-Vorpommern. Ansprechpartner sind Bildungswerke (Träger des Bildungsurlaubs), insbesondere Parteien, Gewerkschaften, Arbeitgeberverbände. Bevor Sie sich für einen Bildungsurlaubs-Kurs beim entsprechenden Träger anmelden, sollten Sie Ihren Arbeitgeber vorwarnen (siehe **Musterbrief 122** auf der Diskette). Wenn der Boß nicht innerhalb von 14 Tagen widerspricht, ist der Bildungsurlaub genehmigt. Welchen Kurs Sie nehmen, darf er nicht vorschreiben. Er kann lediglich den Antrag an sich ablehnen, wenn zwingende betriebliche Belange oder sozial gerechtfertigte Urlaubsansprüche anderer Mitarbeiter Ihrem Bildungsurlaub entgegenstehen.

Eines schönen Tages überrascht der Chef die Belegschaft: Ab sofort gibt es **vermögenswirksame Leistungen** (VL). Das ist eine Zulage, die der Arbeitgeber neben Lohn oder Gehalt gewährt. Je nach Tarifvertrag fließen jeden Monat zwischen 13 und 78 Mark extra von der Firma auf ein Sparkonto zugunsten des Arbeitnehmers. Sind VL im Tarifvertrag festgeschrieben, so stehen sie allen Arbeitnehmern zu, unabhängig vom persönlichen Einkommen. Dann suchen Sie sich eine Geldanlage aus (mit zusätzlich 10 Prozent Arbeitnehmer-Sparzulage werden Bausparverträge, Aktienfonds und Beteiligungen an der Firma Ihres Arbeitgebers gefördert) und beantragen hinterher bei Ihrem Chef oder der Personalabteilung, wohin das Geld fließen soll (siehe **Musterbrief 123** auf der Diskette).

Andere Sonderzahlungen betreffen vor allem **Urlaubs- und Weihnachtsgeld**. Anspruch auf Urlaubsgeld hat im Prinzip jeder, auf Weihnachtsgeld streng genommen nur derjenige, bei dem eine konkrete Summe im Arbeitsvertrag als 13. oder 14. Gehalt festgeschrieben ist. Ansonsten muß die eigentlich freiwillige Zahlung des Unternehmens zumindest laut Tarif gezahlt werden – höhere Beträge kann der Arbeitgeber kürzen oder streichen. Besteht lediglich eine Betriebsvereinbarung zum Weihnachtsgeld, so kann die Zahlung mit Zustimmung des Betriebsrats gekürzt werden.

Tip: Weihnachtsgeld setzt ein ungekündigtes Arbeitsverhältnis voraus. Wer aus eigenem Antrieb kündigt, muß das Weihnachtsgeld ganz oder teilweise zurückzahlen, wenn er nicht mindestens bis zum 31. März des Folgejahres mit seinem betrieblichen Ausstieg wartet.

Kündigung: So wehren Sie sich

Wichtig: Es gibt für Arbeiter und Angestellte eine einheitliche **Kündigungsfrist** von vier Wochen. Wird eine Probezeit vereinbart (die ist gesetzlich allerdings nicht vorgeschrieben), gilt eine Kündigungsfrist von 14 Tagen. Je nach Betriebszugehörigkeit steigt die Frist, wenn der Arbeitgeber Ihnen kündigen will, auf 1 Monat zum Monatsende (nach 2 Jahren Zugehörigkeit), auf 2 Monate zum Monatsende (nach 5 Jahren), auf 3 Monate zum Monatsende (nach 8 Jahren), maximal auf 7 Monate zum Monatsende (nach 20 Jahren Zugehörigkeit zur Firma).

Aus den unterschiedlichsten Gründen kann der Arbeitgeber Ihnen kündigen, etwa aus betrieblichen Gründen, wegen Ihres Verhaltens am Arbeitsplatz oder aus persönlichen Gründen (beispielsweise Krankheit). Sind Sie damit nicht einverstanden, tut Eile not, denn es bleiben ab Zugang der Kündigung nur drei Wochen Zeit, um dagegen zu klagen. Besteht ein Betriebsrat in der Firma, können Sie innerhalb einer Woche gegen die Kündigung **Einspruch** erheben (siehe **Musterbrief 124** auf der Diskette). Wurde der Betriebsrat vorher gar nicht gefragt, ist die Kündigung sowieso unwirksam. Hatte er zugestimmt, lohnt begründeter Einspruch in vielen Fällen dennoch, um den Arbeitgeber umzustimmen.

Achtung: Der Einspruch ist nicht Voraussetzung, um gegen die Kündigung zu klagen. Im Gegenteil: Die Kündigung ist nach drei Wochen wirksam, wenn keine **Kündigungsschutzklage** eingereicht wird (siehe **Musterbrief 125** auf der folgenden Seite):

In dieser Situation ist an Weiterbeschäftigung kaum noch zu denken; vielmehr geht es in aller Regel nur noch um die Höhe der Abfindung.

Karsten Knuffe
Werksberg 119
29338 Schweißthal

Arbeitsgericht .....
Chefstraße 10
29338 Schweißthal

Schweißthal,

Kündigungsschutzklage gemäß § 4 KSchG

des Karsten Knuffe, Werksberg 119, 29338 Schweißthal

gegen
Firma ...., Chefstraße 4, 29338 Schweißthal

mit dem Antrag festzustellen, daß das Arbeitsverhältnis nicht durch Kündigung vom .... zum .... aufgelöst ist.

Begründung: Es liegt kein wichtiger Kündigungsgrund vor, insbesondere ist die Kündigung sozial ungerechtfertigt.

Karsten Knuffe

Musterbrief 125: Kündigungsschutzklage

Wer partout weiterbeschäftigt werden will, sollte dies in den Antrag mit hineinschreiben, etwa: » ... ist die Firma zu verurteilen, mich über den .... hinaus zu unveränderten Bedingungen als .... weiterzubeschäftigen.«

Mit der Klage haben Sie zunächst Ihre Interessen fristgemäß gewahrt. Nun kann es ja sein, daß die Kündigung ohnehin unwirksam ist, etwa weil Ihr Chef gesetzliche Bestimmungen verletzt hat. Dann sollten Sie – unabhängig von der Klage – dieser rechtsunwirksamen Kündigung widersprechen (siehe **Musterbrief 126** auf der Diskette).

Mitunter kommt es aber zu gar keiner Kündigung, sondern zur **Änderungskündigung**. Dann werden Ihnen in einem Schreiben zwei Dinge erklärt: Das bestehende Arbeitsverhältnis wird ordnungsgemäß gekündigt; zugleich macht der Chef das Angebot, die Tätigkeit zu neuen Vertragsbedingungen fortzusetzen. Je nachdem, wie lukrativ dies für Sie ist, sollten Sie so clever antworten, daß auch im Falle Ihrer Ablehnung des neuen Angebots die Kündigung nicht einfach wirksam werden kann (siehe **Musterbrief 127** auf der Diskette). Betriebsrat oder Gewerkschaft raten auch hier häufig zur Klage wegen sozialer Ungerechtigkeit.

Teil C: Briefe zu Reklamationen in der Freizeit

12. KAPITEL

Mängel beim Einkauf

Beim Einkauf ist eine Binsenweisheit hochaktuell: den Kassenzettel aufheben. Nur so lassen sich Käuferrechte bei der Reklamation auch durchsetzen.

Neukauf: Gewährleistung und Nachbesserung

Wer etwas Neues kauft, kann sicher sein, daß der Verkäufer für einwandfreie Qualität haften muß (Gewährleistung). Bei Mängeln haben Sie das gesetzlich verbriefte Recht, die fehlerhafte Ware zurückzugeben und den vollen Preis erstattet zu bekommen (Wandelung laut § 462 BGB), einen angemessenen Preisnachlaß zu verlangen (Minderung laut § 462 BGB) oder bei Serienartikeln die fehlerhafte Ware umzutauschen (Umtausch laut § 480 BGB). Meist behält sich der Verkäufer in seinen Allgemeinen Geschäftsbedingungen vor, den Mangel durch Reparatur zum Nulltarif zu beseitigen (Nachbesserung). Grundsätzlich sollte der Kunde höchstens zwei (kostenlose) Nachbesserungsversuche in angemessener Frist akzeptieren und danach **Gewährleistung** fordern (siehe **Musterbrief 128** auf der Diskette). Je nach Eigeninteresse kann er also vom Kauf zurücktreten, Rabatt verlangen oder einen neuen Artikel nehmen.

Achtung: Beim **Kauf gebrauchter Sachen** kann die Gewährleistung komplett ausgeschlossen werden; der Verkäufer haftet dann nur, wenn er einen Mangel arglistig verschwiegen hat oder wenn eine zugesicherte Eigenschaft fehlt (siehe **Musterbrief 129** auf der Diskette). Gerade beim Autokauf aus zweiter Hand kommt es häufig zu Streit. Fühlen Sie sich betrogen, etwa weil eine zugesicherte Eigenschaft fehlt, so sollten Sie nicht nur Preisnachlaß oder Rückerstattung des gesamten Preises verlangen, sondern auch zusätzliche Kosten im Zusammenhang mit dem Kauf geltend machen.

Beispiele: Überführungskosten, technisches Gutachten, Finanzierungskosten, Auslagen. Außerdem können Sie Schadenersatz wegen

Nichterfüllung verlangen (innerhalb von sechs Monaten). Holen Sie vorher unbedingt Rechtsrat ein, am besten bei der örtlichen Verbraucherzentrale.

Doch zurück zum Einkauf neuer Sachen. Selbstverständlich gilt das Recht auf Gewährleistung auch dann, wenn – wie bei gebrauchten Sachen beschrieben – der Verkäufer einen Mangel arglistig verschwiegen hat oder wenn eine zugesicherte Eigenschaft fehlt. Im Extremfall kann der Käufer eine Nachbesserung völlig ausschlagen und sofort den Kauf rückgängig machen, etwa wenn ein Neuwagen unzumutbar viele Mängel aufweist. Dies bestätigte das Oberlandesgericht Koblenz einem Käufer, an dessen Auto im ersten halben Jahr ein Riß im Getriebeblock, zwei defekte Sicherheitsgurte sowie Schäden an Ölstandprüfer und Innenbeleuchtung aufgetreten waren (OLG Koblenz, Az: 3 U 681/93).

Häufig werden größere Artikel wie Waschmaschinen, Fernseher oder Möbel frei Haus geliefert. Mitunter kommt die Ware pünktlich, aber beschädigt an. Dann haftet ab dem Zeitpunkt der Übergabe wieder der Verkäufer. Sie können entweder Gewährleistung verlangen oder bei offensichtlichen Mängeln sogar die **Annahme verweigern** (siehe **Musterbrief 130** auf der Diskette). Wer bei augenscheinlichen Fehlern die Lieferung annimmt, sollte dies nur unter Vorbehalt tun, also auf dem Lieferschein den Mangel vermerken und am besten gleich einen Brief mit Gewährleistungsforderungen ankündigen. Zudem ist es zweckmäßig, mit der Bezahlung zu warten, bis Sie fehlerfreie Ware erhalten haben.

Hatte man beim Kauf die Anlieferung frei Haus vereinbart, doch der **Liefertermin verstreicht** ohne Ergebnis, so sollte der sitzengelassene Kunde zweierlei machen:

- dem Verkäufer eine Nachfrist für die Lieferung setzen (siehe **Musterbrief 131** auf der Diskette)
- bei nachweisbarem materiellen Schaden Schadensersatz verlangen, entweder wegen Nichterfüllung und damit verbundenem Schaden (siehe **Musterbrief 132** auf der Diskette) oder wegen Verdienstausfall durch den ungenutzten Liefertermin (siehe **Musterbrief 133** auf der Diskette).

Die Gerichte sehen es als sinnvoll an, dem Verkäufer eine zweite Chance zur Anlieferung einzuräumen, ehe sie dem verprellten Kunden Schadensersatz zugestehen. Den gibt es nach Beobachtung der Verbraucherzentrale Nordrhein-Westfalen nur bei konkret nachgewiesenen materiellen Schäden wie Verdienstausfall, nicht jedoch für immaterielle Schäden wie entgangene Freizeit. Die Forderung nach Schadensersatz muß angesichts des meist geringen Streitwerts nicht unbedingt vor Gericht durchgesetzt werden. Meist führt auch der Weg über die zuständige Schlichtungsstelle der Industrie- und Handelskammer oder eine brancheneigene Schlichtungsstelle zum Erfolg, etwa vom Bundesverband des Deutschen Möbelhandels (Adresse am Ende des Buches).

Wurde der Termin zwar eingehalten, aber die Ware war bei **Lieferung mangelhaft**, so sollten Sie sofort reklamieren und auf Gewährleistung oder mindestens Nachbesserung bestehen. Verschwitzt der Verkäufer den Termin der Nachbesserung, so sollten Sie wiederum Schadensersatz verlangen: für Verdienstausfall in der vergeblich gewarteten Zeit (vergleiche wieder Musterbrief 133 auf der Diskette) und gegebenenfalls wegen Nichterfüllung (siehe **Musterbrief 134** auf der Diskette).

Gewährleistungsfrist abgelaufen: An den Hersteller halten

Anspruch auf Gewährleistung bei mangelhaften Produkten durch Händler hat der Käufer nicht ewig. Bei beweglichen Sachen verjährt die **Reklamationsfrist** schon nach sechs Monaten (Ausnahme: bei arglistiger Täuschung 30 Jahre), bei Grundstücken nach einem Jahr ab Übergabe. Zeigen sich Mängel erst hinterher, sind Rückgabe, Preisnachlaß und Umtausch ausgeschlossen, und die Mängelbeseitigung kostet ab sofort Ihr Geld. Dann hilft nur noch eine zeitlich weitergehende **Garantie** des Herstellers, um Geld für die meist teure Reparatur zu sparen. Bei vielen Geräten gibt der Hersteller nämlich freiwillig die Zusage, daß der gekaufte Artikel länger einwandfrei funktionieren wird als besagte sechs Monate Gewährleistungsfrist. Meist übernimmt der Fabrikant ein Jahr Garantie vom Kauftag an, bei neuen Autos schon bis zu drei Jahre (bei bestimmten Mängeln sogar bis zu sechs Jahre). Tritt nach der Gewährleistungsfrist, aber noch in der Garantiezeit ein Fehler auf, so sollten Sie sich unverzüglich mit dem Hersteller in Verbindung setzen (siehe **Musterbrief 135** auf der Diskette). Der muß entsprechend dem Kleingedruckten auf der Garantiekarte meist nur das defekte Teil für sie kostenlos reparieren; der Kunde bleibt auf den Kosten für Material und Anfahrt sitzen. Immerhin spart er in der Garantiezeit den teuersten Posten: den Handwerkerlohn.

Moderne Technik macht es möglich, daß insbesondere Konsumgüter immer länger leben und weder in der Gewährleistungsfrist des Verkäufers noch in der Garantiezeit des Herstellers etwas passiert. Taucht der erste Mangel kurz nach Ablauf der Garantiezeit auf, können Sie den Hersteller nur noch um **Kulanz** bitten (siehe **Musterbrief 136** auf der Diskette). Dann übernimmt der Hersteller einen Teil der Reparaturkosten, häufig 80 Prozent.

Versandhandel: Rückgabe und unbestellte Ware

Etwas eigene Gesetze gibt es beim **Einkauf im Versandhaus**. Vorteile: Man kann bequem und in Ruhe von zu Hause aus bestellen, ist nicht an Ladenschlußzeiten gebunden, hat per Katalog eine schnelle Preisübersicht und kann meist gegen Rechnung bestellen. Das hat den Vorteil, daß die Ware erst 14 Tage nach Lieferung bezahlt werden muß.

Nachteile: Das Produkt ist nicht in allen Einzelheiten auf dem Foto zu erkennen, die Lieferung kann abgelehnt werden (etwa weil der Artikel ausverkauft ist), oder die Lieferfrist kann sich hinziehen.

Für den Versandhaus-Kauf gelten generell die gleichen Regeln wie beim Kauf in einem Geschäft (Recht auf Wandelung, Kaufpreisminderung, Ersatz oder Nachbesserung innerhalb von sechs Monaten). Hinzu kommt das uneingeschränkte Recht auf **Rückgabe**: Alle großen Anbieter nehmen die Ware anstandslos und ohne Angabe von Gründen kostenlos zurück und räumen dem Kunden dafür 14 Tage Zeit ein. Die Kosten trägt meistens der Versandhändler, aber nur, wenn im Kleingedruckten oder auf der Rechnung nichts anderes steht. Also das Paket »unfrei« zurückschicken (samt Lieferschein, Warenschein und Originalverpackung) und nicht vergessen, den Einlieferungsschein von der Post aufzuheben. Wiegt die Sendung allerdings über 20 Kilo, müssen Sie das Versandhaus schriftlich auffordern, die Sachen bei Ihnen zu Hause abzuholen (siehe **Musterbrief 137** auf der Diskette).

Müssen Sie einen Artikel zurückgeben, der ihnen eigentlich gefällt, aber zum Beispiel nicht paßt, so können Sie indirekt **umtauschen**: das schon gelieferte Stück zurückgeben und bei der Gelegenheit neu bestellen (siehe **Musterbrief 138** auf der folgenden Seite).

Erst wenn die Ware ins Haus kommt und nicht zurückgegeben oder reklamiert wird, kommt ein wirksamer Kaufvertrag zustande. Häufig läßt die Lieferung aber auf sich warten, mitunter einen Monat und mehr. Das ist ärgerlich. Bei verspäteter Anlieferung kann man zwar auch von seinem Rückgaberecht Gebrauch machen. Aber man will die

Grit Grantig
Marktstraße 128
29339 Kaufbeuren

Versandfirma ...
An der Quelle 1
29340 Quellenhof

Kaufbeuren,

Umtausch Versandartikel / Kundennummer ....

Sehr geehrte Damen und Herren,

hiermit gebe ich die mir am .... zugestellten Artikel .... zurück.

Bitte schicken Sie mir einen Austauschartikel in Größe ...., Farbe ...., zu. Die Bestellnummer lautet ....

Zeichnet sich ab, daß der Umtausch nicht möglich ist, informieren Sie mich bitte umgehend. An einer Zustellung nach dem .... habe ich kein Interesse und werde die Annahme verweigern.

Mit freundlichen Grüßen

Grit Grantig

Musterbrief 138: Umtausch Versandartikel

Ware ja haben, nur eben sehr viel eher. Deshalb sollten Sie dem Versandhaus generell und schriftlich eine **Lieferfrist** von höchstens vier Wochen setzen und anderenfalls um schnelle Nachricht bitten (siehe **Musterbrief 139** auf der Diskette).

Was für den Einkauf per Versandhaus-Katalog gilt, trifft theoretisch auch für den Einkauf am Fernseher zu **(Teleshopping)**. Allerdings haben Sie keine Chance, in Ruhe zu überlegen oder auszuwählen, bekommen auch nur sehr knappe Werbe-»Informationen«. Preis- und Qualitätsvergleich sind völlig ausgeschaltet. Außerdem sind nur wenige TV-Anbieter bereit, das für den Kunden so wichtige uneingeschränkte 14tägige Rückgaberecht einzuräumen. Die praktischen Zahlungsbedingungen lassen häufig zu wünschen übrig. So wird manchem Teleshopper bei der ersten Bestellung nur die Bezahlung per Nachnahme angeboten. Wollen Sie die Sachen dann zurückgeben, wird zwar meist der Kaufpreis erstattet, auf Versandspesen und Nachnahmegebühr bleiben Sie aber sitzen. Ausweg:

- nur bestellen, wenn ein uneingeschränktes Rückgaberecht vorgesehen ist;
- nur gegen Rechnung (Bezahlung innerhalb 14 Tagen) liefern lassen.

Hier könnte ein Begleitbrief bei der ersten Bestellung helfen, offensiv Ihr eigenes Kleingedrucktes durchzusetzen, zumindest wäre es einen Versuch wert (siehe **Musterbrief 140** auf der Diskette).

Fühlen Sie sich bei einem Bildschirmkauf über Ländergrenzen hinweg betrogen, steht Ihnen zwar der Rechtsweg offen, doch lohnt dies wegen des meist geringen Kaufpreises nicht. Außerdem: Selbst wenn Sie das im **Ausland** Bestellte uneingeschränkt zurückgeben können, haben Sie Kosten: Auslandssendungen dürfen nicht unfrei geschickt werden. Sie müssen also mindestens 12 Mark bezahlen (Economy-Päckchen bis 2 Kilo), für Pakete (bis 20 Kilo) mindestens 23 Mark.

Wenn **Minderjährige** ohne die Einwilligung der Eltern Waren per Katalog oder Bildschirm bestellt haben, ist der Kauf unwirksam. Geben die Eltern nicht spätestens 14 Tage nach der Anlieferung Ihr Einverständnis oder bezahlen gar, gilt die Angelegenheit als verweigert. Dann können Sie die Artikel auch noch viel später als in der normalen Rückgabefrist zurückschicken, ebenfalls auf Kosten des Versenders (siehe **Musterbrief 141** auf der Diskette).

Mitunter bringt der Postbote auch Sachen, die Sie gar nicht bestellt hatten. Wer sich schon beim Empfang sicher ist, es mit **unbestellter Ware** zu tun zu haben, sollte das Päckchen gar nicht erst annehmen.

Tun Sie es doch, müssen Sie die Zustellgebühr berappen. Im Begleitschreiben werden Sie aufgefordert, die Ware zu bezahlen oder zurückzuschicken. Beides brauchen Sie nicht zu tun. Sie müssen den Absender auch nicht davon unterrichten, daß Sie kein Interesse an den Sachen haben. Einzige Pflicht: die Sendung aufbewahren, um dem Absender die Chance zu geben, alles unaufgefordert wieder abzuholen. Für eine Tageszeitung genügt ein Tag, für eine Illustrierte eine Woche, für ein Buch oder Münzen veranschlagen Verbraucherverbände bis zu einem Jahr. Kommt allerdings ein gerichtlicher Mahnbescheid ins Haus, müssen Sie schnell reagieren und binnen 14 Tagen widersprechen (am besten nach Rücksprache mit der Verbraucherzentrale). Sonst steht plötzlich der Gerichtsvollzieher vor der Tür (siehe **Musterbrief 142** auf der Diskette).

Haustürgeschäfte: schneller Widerruf möglich

Verkäufer im Außendienst vermitteln in deutschen Wohnzimmern jährlich Geschäfte im Wert von über 250 Milliarden Mark. Der Direktverkauf – so die Fachbezeichnung für die sogenannten **Haustürgeschäfte** – hat durchaus Vorzüge: Der Verkäufer kommt zu Ihnen nach Hause, das Geschäft kann auch nach Ladenschluß über die Bühne gehen, in der Regel gibt es umfangreiche Beratung und Vorführung.

Nachteile: Es wird nur ein bestimmtes Produkt angeboten, Preis- und Leistungsvergleich sind ausgeschaltet, der Verkäufer kommt meist ungerufen und will etwas verkaufen (häufig, ohne den Bedarf des Kunden zu kennen), der Kunde fühlt sich nicht selten zum Kauf genötigt. Da Käufer vielfach völlig unvorbereitet in ein solches Geschäft geraten, hat der Gesetzgeber ihnen im nachhinein ein befristetes Widerrufsrecht eingeräumt: eine Woche, gerechnet ab Vertragsabschluß. Der Widerruf muß schriftlich erfolgen, eine Begründung ist nicht erforderlich (siehe **Musterbrief 143** auf der Diskette).

Zu den Pflichten des Verkäufers gehört es, Sie über das Widerrufsrecht gesondert zum Vertrag schriftlich aufzuklären, dies von Ihnen unterschreiben zu lassen und seinen Namen und die Anschrift anzugeben. Tut er dies alles nicht, so erlischt das Widerrufsrecht erst einen Monat, nachdem beide Seiten ihre Leistung erbracht haben, wenn also der Verkäufer geliefert und der Kunde bezahlt hat. In diesem Fall kann der Kunde die Ware zurückgeben und sein Geld zurückfordern (siehe **Musterbrief 144** auf der Diskette).

Doch Vorsicht: Nicht jeder Kauf außerhalb eines Ladens gilt als Haustürgeschäft. Widerruf ist nur möglich, wenn der Vertrag geschlossen wurde:
- im Bereich der Privatwohnung (inklusive Haustür)
- am eigenen Arbeitsplatz (bei Selbständigen kein Widerruf!)
- anläßlich einer Kaffeefahrt oder ähnlichen Veranstaltung
- durch Ansprechen in Verkehrsmitteln, auf öffentlichen Straßen, Plätzen und Wegen sowie in öffentlichen Gebäuden.

Aber selbst in diesen Bereichen ist der Widerruf nicht immer möglich. Keine Chance dazu besteht, wenn
- Sie selbst den Vertreter ausdrücklich zu sich bestellt hatten
- der Wert des Geschäfts unter 80 Mark bleibt und es sofort erledigt wurde (Kauf und Bezahlung)
- der Vertrag von einem Notar beurkundet wurde
- das Geschäft mit einem Versicherungsvertreter geschlossen wurde.

Die Verbraucher-Zentrale Brandenburg verweist darauf, daß Versicherungs- und Verbraucherkreditverträge nach speziell für diese Verträge geltenden Gesetzen widerrufen werden können (der Widerruf muß ebenfalls binnen 7 Tagen bei der Bank bzw. binnen 14 Tagen bei der Versicherung eingegangen sein).

Wer sich keinesfalls auf Geschäfte zwischen Tür und Angel einlassen will, sollte sich bei seiner örtlichen Verbraucher-Zentrale den Aufkleber »Für Vertreter verboten!« kaufen (kostet 1 Mark) und an die Wohnungstür kleben. Klingelt es dann trotzdem, fragen Sie als erstes nach Namen und Firma des Vertreters, machen die Tür wieder zu und informieren die Verbraucher-Zentrale (siehe **Musterbrief 145** auf der Diskette). Die wird den Vertreter dann wegen unlauteren Wettbewerbs zur Kasse bitten lassen **(Abmahnung)**. Adresse und Telefonnummer Ihrer nächstgelegenen Verbraucherzentrale stehen im Telefonbuch. Unter Umständen hilft auch der Dachverband weiter, die Arbeitsgemeinschaft der Verbraucherverbände (Adresse am Ende des Buches).

Zahlungsfehler: Kredit und Leasing

Besitze jetzt, zahle später. Dieser Wunsch läßt sich mit einem Kredit erfüllen, aber auch mit Leasing, einer Mischung aus Kauf und Miete. Das Verbraucherkreditgesetz gilt für alle Verträge ab 1. Januar 1991 und sichert insbesondere die Formalitäten bei Abzahlungsgeschäften und das Widerrufsrecht bei überstürzt abgeschlossenen Verträgen. Die Spanne reicht vom Ratenkauf beweglicher Sachen über die Abzahlung von Partnervermittlungsverträgen in Raten bis hin zu Abonnement- und Teillieferungsverträgen und der Mitgliedschaft in Buchgemeinschaften. Wer es sich nach Vertragsabschluß noch anders überlegt, kann den Vertrag innerhalb einer Woche widerrufen (siehe **Musterbrief 146** auf der Diskette). Hat der Kreditgeber die Formvorschriften verletzt oder nicht über das Widerrufsrecht belehrt, so kann der Vertrag nach Angaben der Stiftung Warentest bis zur Zahlung der letzten Rate widerrufen werden, längstens aber bis zu einem Jahr nach Vertragsabschluß (siehe **Musterbrief 147** auf der Diskette). Will dagegen der Kunde den Vertrag erfüllen, gerät aber in Zahlungsschwierigkeiten, so sollte er sich mit dem Kreditgeber in Verbindung setzen, ehe er zwei aufeinanderfolgende Raten schuldig geblieben ist, weil sonst der Kredit platzt und die gesamte Restschuld in einem Betrag fällig wird (siehe **Musterbrief 148** auf der Diskette).

Komplizierter ist die Sache beim **Leasing**. Da brauchen Sie kein Geld zu borgen, sondern können nach und nach mit eigenem Geld bezahlen, müssen aber am Ende der Laufzeit die Ware zurückgeben. Zunächst wird beim Händler ein Leasingantrag gestellt (zum Beispiel für ein Auto), den der Händler an eine Leasingfirma weiterreicht. Gibt die grünes Licht und kauft das Auto (Kaufvertrag zwischen Händler und Leasing-Firma), wird auch der Leasingantrag des Kunden wirksam. Nun darf der Händler den Wagen ausliefern, und der Kunde beginnt an die Leasing-Gesellschaft zu zahlen:

- bei Vertragsabschluß zumeist 20 Prozent des Neuwertes als Anzahlung
- danach monatliche Raten für Nutzung, Wertverlust, Kreditzins, Verwaltung und Unternehmensgewinn.

Leasingverträge laufen über eine Grundmietzeit, die 40 bis 90 Prozent der betrieblichen Nutzungsdauer des Gegenstandes ausmacht. Bei Autos sind das üblicherweise zwei bis vier Jahre. Danach ist der Leasingvertrag beendet, wobei je nach Vertragstyp die Leasing-Gesellschaft einige Wochen vorher kundtun muß, ob ihr am Verkauf des Autos zum Restwert an Sie gelegen ist (Andienungsrecht) oder nicht.

Sinnvoll für Privatkunden sind nur Teilamortisationsverträge, da in den Leasing-Raten nicht alle Kosten abgedeckt sind und die laufende Rate somit deutlich preiswerter ausfällt als beim Kauf auf Raten. Das heißt: Der Verbraucher deckt mit seinen Zahlungen nicht die gesamten

Kosten ab, sondern es wird von vornherein ein Restwert kalkuliert. Man kann das Auto entweder selbst zum Restwert kaufen (Andienung) oder die Leasing-Gesellschaft verkauft an einen Dritten. Den Restwert legt der Händler schon bei Vertragsabschluß fest, was zu erheblichen Abweichungen zum tatsächlichen Restwert führen kann. Daher empfiehlt sich zumindest beim Auto-Leasing immer die Berechnung nach der Anzahl der gefahrenen Kilometer (Kilometer-Vertrag).

Leasing-Interessenten sollten darauf achten, daß Sie nicht schlechter als Käufer gestellt sind. So können Sie binnen einer Woche den Vertragsabschluß widerrufen; ohne schriftliche Belehrung sogar binnen eines Jahres (vergleiche nochmals Musterbriefe 147 und 148 auf der Diskette). Allerdings müssen Sie dafür haften, wenn der geleaste Artikel ohne Ihre Schuld abhanden kommt oder beschädigt wird. Bei Beschädigung zahlen Sie als Kunde die Reparatur (und müssen dafür meist eine Versicherung abschließen), bei Diebstahl muß die Leasing-Gesellschaft keinen Ersatz stellen. In beiden Fällen müssen Sie aber die Raten weiterbezahlen. Für die normale Werterhaltung während der Nutzung ist sowieso der Kunde verantwortlich. Kommt es zu **Mängeln**, so reklamieren Sie beim Händler (siehe **Musterbrief 149** auf der Diskette).

Maßgebend für den Umfang der Gewährleistung ist aber nur das, was im Kaufvertrag zwischen Leasing-Gesellschaft und Händler steht. Fragen Sie also vor jeglicher Unterschrift nach den Gewährleistungsansprüchen aus diesem Vertrag – nur die stehen Ihnen als Leasingnehmer zu. Bleibt die Nachbesserung erfolglos und ist eine Preisminderung für Sie nicht akzeptabel, können Sie den Vertrag wandeln, also das Geschäft rückgängig machen (siehe **Musterbrief 150** auf der Diskette). Läßt sich der Händler darauf ein, brauchen Sie nicht weiter zu bezahlen, sondern bekommen gegebenenfalls einen Teil der bisherigen Raten zurück (abzüglich einer Nutzungsgebühr). Erkennt der Händler den Mangel nicht an, können Sie nur auf Wandelung klagen. Dann hat die Leasing-Gesellschaft aber zunächst weiter Anspruch auf die monatlichen Raten, und zwar so lange, bis die Klageschrift bei Gericht eingereicht ist. Danach können Sie weitere Zahlungen bis zur Entscheidung des Gerichtes verweigern (BGH Az: VIII ZR 91/85).

13. Kapitel

Mangelhafte Handwerker-Arbeit

Für Mängel bei Handwerk und Dienstleistungen gilt im übertragenen Sinne dasselbe wie beim Kauf; allerdings handelt es sich hier um Werkverträge mit modifizierten Gewährleistungsansprüchen. Hinzu kommt, daß der Preis-Leistungsvergleich beim Handwerk oft noch mehr sparen hilft als beim Kauf. Für mangelhaft ausgeführte Handwerks- oder Dienstleistungen gilt: Der Anspruch auf Gewährleistung verjährt sechs Monate nach der Abnahme des Auftrages, bei Arbeiten an Grundstücken nach einem Jahr, bei Arbeiten an Bauwerken nach fünf Jahren (§ 638 BGB). Wichtig: Bauhandwerker wollen die gesetzliche 5-Jahres-Frist häufig dadurch unterlaufen, daß sie im Kleingedruckten »Gewährleistung nach VOB« einräumen. Gemeint ist damit eine Klausel in der Verdingungsordnung für Bauleistungen (VOB), in der es heißt: »... Ist für die Gewährleistung keine Verjährungsfrist vereinbart, so beträgt sie für Bauwerke ... 2 Jahre ... und für die vom Feuer berührten Teile ein Jahr ...«. Darauf muß sich jedoch kein Kunde einlassen, sondern sollte gerade bei größeren Arbeiten am oder im Haus grundsätzlich auf einer längeren Verjährungsfrist für Mängel bestehen (wie in Musterbrief 152 auf der Diskette berücksichtigt).

Kostenbremse: Kostenvoranschlag und Festpreis

Jede aufwendige Baumaßnahme oder Reparatur sollten Sie nicht an die erstbeste Firma vergeben. Die Preisunterschiede für gleiche Leistungen sind unglaublich. So kann es passieren, daß beim Einbau eines Abwassersammlers vergleichbarer Qualität fürs Einfamilienhaus mal 8000 und mal 15000 Mark verlangt werden. Machen Sie sich den Preiswettbewerb zunutze und holen wenigstens drei Angebote ein (siehe **Musterbrief 151** auf der folgenden Seite).

Damit setzen Sie der Firma schon einen klar umrissenen Rahmen für die erwartete Leistung. Wenn dann Angebote eingehen, fragen Sie in groben Zügen bei technischen Unterschieden nach, lassen sich Sammelpositionen wie »Nebenkostenpauschale« erklären, bestehen auf einer Kostenobergrenze (Bruttopreis inklusive Mehrwertsteuer) und vergeben dann den Auftrag (siehe **Musterbrief 152** auf der Diskette). **Tip:** Vereinbaren Sie auf jeden Fall eine Benachrichtigungspflicht für

Bernd Bruch
Maurerkamp 151
29340 Caputh

Firma ...
Auftragsenge 5
29340 Caputh

Caputh,

Kostenvoranschlag für ...

Sehr geehrte Damen und Herren,

am oben genannten Grundstück möchte ich folgende Arbeiten ausführen lassen:

....

Die Arbeiten sollten in der Zeit von .... bis .... erledigt werden, müssen aber spätestens am ...... beendet sein. Bitte machen Sie mir dazu bis spätestens .... ein schriftliches Angebot (unverbindlich und kostenlos).

Berücksichtigen Sie dabei ausschließlich Festpreise (Abrechnung nach Stundensätzen ausgeschlossen), an die Sie sich sowohl vom Material als auch von den Leistungen bis .... gebunden fühlen und führen Sie sämtliche Nebenkosten inklusive Mehrwertsteuer auf.

Mit freundlichen Grüßen

Bernd Bruch

Musterbrief 151: Kostenvoranschlag

den Fall, daß der vorgesehene Rahmen gesprengt werden muß oder andere unvorhersehbare Dinge passieren, etwa bei einer Preiserhöhung des Herstellers für das Material, das die Handwerker verwenden. Selbst bei fehlender Vereinbarung kann der Handwerksbetrieb gestiegene Materialkosten nicht ohne weiteres an den Kunden weiterreichen. Übrigens: Erinnern Sie die Firma bei Auftragserteilung an ein angemessenes Skonto bei Bezahlung innerhalb von 10 Tagen nach Rechnungslegung. Die meist gewährten 2 Prozent Ersparnis für schnelles Zahlen lohnen sich für den Kunden nur bei wirklich fehlerfreier Arbeit. Falls nämlich Nachbesserung nötig ist, erweist sich die unbezahlte Rechnung als das beste Druckmittel, die vereinbarte Leistung einzufordern.

Der Anstand gebietet es, die Angebote aller anderen Firmen abzulehnen (siehe **Musterbrief 153** auf der Diskette).

Aufpassen: Verspätung, Mängel, überhöhte Rechnung

Nachdem Sie alles perfekt organisiert hatten, läßt sich kein Handwerker zum vereinbarten Termin blicken. Die telefonische Rückfrage ergibt: Ein sehr wichtiger Termin ist dazwischengekommen, Ihr Auftrag »verzögert sich wahrscheinlich um einige Tage«. Diese **Verzögerung** braucht sich niemand gefallen zu lassen (nur bei höherer Gewalt oder Krankheit ist etwas Geduld angebracht). Wurde kein fester Endtermin ausgemacht, so ist die Firma automatisch im Verzug. War dies nicht der Fall, sollten Sie die Handwerker schleunigst **mahnen** (siehe **Musterbrief 154** auf der Diskette). Passiert dann weiterhin nichts, steht dem unzuverlässigen Dienstleister eine letzte **Nachfrist** von höchstens zwei Wochen zu (siehe **Musterbrief 155** auf der Diskette), ehe der Kunde neu disponieren und zugleich Schadensersatz verlangen kann. Kommen die Handwerker nun endlich, läuft alles wie abgemacht. Kommen Sie aber immer noch nicht, können Sie aus dem Vertrag aussteigen und Schadensersatz verlangen – inklusive des Aufwandes, eine Ersatzfirma ausfindig zu machen und zu beauftragen, Ihres Verdienstausfalls und finanzieller Einbußen, die Ihnen durch die erneute Auftragsvergabe entstehen (siehe **Musterbrief 156** auf der Diskette).

Treten die Handwerker dagegen pünktlich an und ziehen die Arbeiten augenscheinlich gut und sauber durch, kommt schon eher Freude auf. Mitunter stellt sich jedoch bei der Abnahme des »Werkes« – häufiger erst danach – heraus, daß doch nicht ganz fehlerfrei gearbeitet wurde. Merken Sie es bis zur Abnahme, fordern Sie umgehende Nachbesserung und bezahlen vorher keinen Pfennig. Tritt der Mangel erst danach zutage, liegt die Beweislast beim Kunden: Sie müssen vor Ablauf der Verjährungsfrist **Nachbesserung** (siehe **Musterbrief 157** auf der Diskette) oder Geld zurück (siehe **Musterbrief 158** auf der Diskette) verlangen. Bei der **Rückvergütung** ist jedoch nicht immer die Komplettlösung sinnvoll, da beispielsweise bei einer Heizungsmodernisierung samt Maurerarbeiten am Schornstein nicht das gesamte Material zurückgegeben werden kann. Hier bietet sich eher eine teilweise Rückerstattung des Geldes an (siehe **Musterbrief 159** auf der Diskette) oder die **Fehlerbeseitigung durch eine andere Firma** auf Kosten des schlampigen Handwerksbetriebes (siehe **Musterbrief 160** auf der Diskette). Zusätzlich sollten Sie für Schäden durch die mißlichen Umstände Ersatz verlangen (vergleiche nochmals Musterbrief 156 auf der Diskette).

Klappte dagegen alles wie am Schnürchen, nur bei der **Rechnung** fielen Sie aus allen Wolken, so sollte erst einmal in Ruhe nachgerechnet werden. War ein Festpreis vereinbart, doch die Preisobergrenze in der Rechnung überschritten, so sollten Sie den Betrag reklamieren und auf einer korrigierten Rechnung bestehen (siehe **Musterbrief 161** auf der Diskette). War lediglich ein Kostenvoranschlag vereinbart, so müssen Sie eine Kostenüberschreitung von höchstens 10 Prozent in der Regel hinnehmen. Ab 10 Prozent aufwärts sprechen Gerichte häufig von wesentlichen Kostenüberschreitungen und den Kunden von der Pflicht zur Mehrzahlung frei (siehe **Musterbrief 162** auf der Diskette).

Werden Sie sich mit den Handwerkern nicht einig, egal ob wegen der Leistung oder des Preises, bleibt Ihnen vor dem teureren Rechtsweg noch der preiswerte Versuch gütlicher Einigung vor der zuständigen **Schlichtungsstelle** (siehe **Musterbrief 163** auf der Diskette). Die gibt es bei der Handwerkskammer oder der IHK; dem Schiedsspruch Ihres Einzelfalles folgt die betreffende Handwerksfirma in aller Regel. Wenn nicht, bleiben Ihnen immer noch gerichtliche Schritte.

Achtung: Das Schlichtungsverfahren unterbricht nicht die Verjährungsfrist, innerhalb derer Sie sich gerichtlich wehren können. Um den Rechtsweg für unzufriedene Kunden nicht zu gefährden, haben Schlichtungsstellen eigene Antragsfristen eingeführt, bis zu denen spätestens eine Schlichtung beantragt werden muß: etwa einen Monat nach Erkennen des Mangels bei Pkw bzw. drei Monate nach Rechnungserhalt. Die Adresse der betreffenden Schlichtungsstelle erfahren

Sie von der entsprechenden Kammer oder über die jeweilige Dachorganisation (Deutscher Industrie- und Handelstag (DIHT) bzw. Deutscher Handwerkskammertag (DHKT), siehe Adressen am Ende des Buches). Wer die richtige Stelle gefunden hat, schickt die strittige Ware ein, überweist eine Gutachtergebühr von rund 20 bis 30 Mark plus Rückporto (alles am besten per Verrechnungsscheck) und hat den Schiedsspruch samt Ware einige Wochen später in der Hand. Damit konfrontieren Sie dann den Handwerker erneut.

14. Kapitel

Reisemängel

Urlaubszeit, schönste Zeit – weiß der Volksmund. Mitunter arten die Ferien jedoch in Streß aus, vor allem dann, wenn man sich auf die Organisation eines Pauschalreiseveranstalters verlassen hat und der seine Versprechen nicht voll erfüllt. Grundsätzlich billigt das Reisevertragsgesetz jedem Kunden zu, Abhilfe zu verlangen, zu kündigen oder die Reise vorzeitig abzubrechen und unabhängig von diesen Rechten auch Schadensersatz zu verlangen.

Vor dem Start: Änderungen, Mängel, Kündigung

Der Ärger kann schon vor Reisebeginn losgehen, etwa wenn in letzter Minute Abstriche an der gebuchten Leistung gemacht werden oder der Trip gar ausfallen muß. Fällt die Reise aus Gründen, die beim Veranstalter liegen, ins Wasser, können Sie Ihr Geld zurückverlangen, aber laut Kleingedrucktem der meisten Anbieter keinen Schadensersatz erhalten. Müssen Sie dagegen selbst von der Buchung zurücktreten, so bleibt nur die schnellstmögliche **Kündigung** (siehe **Musterbrief 164** auf der Diskette). Für Sie bleibt die Kündigung finanziell ohne Folgen, wenn

- ein offensichtlicher Mangel vorliegt
- Sie eine entsprechende Reiserücktrittskostenversicherung abgeschlossen hatten (für Fälle von schwerer Krankheit, Unfall, Impfungs-

unverträglichkeit, Schwangerschaft, Tod naher Angehöriger, Wohnungseinbruch und anderen schweren Schicksalsschlägen)
- höhere Gewalt im Spiel ist (Bürgerkrieg, Naturkatastrophe)
- der Veranstalter wenige Tage vor dem Start den Reisepreis erhöht, obwohl er vier Monate Preisgarantie ab Buchungstag gewähren muß.

Kündigen Sie aus anderen Gründen, sind Stornogebühren bis höchstens 75 Prozent des Reisepreises fällig.

Macht der Veranstalter vorher kurzfristig Änderungen bekannt oder weist auf Mängel hin, so muß man nicht kündigen, sondern sollte es dem Veranstalter schriftlich geben, daß die **Reise unter Vorbehalt** angetreten wird (siehe **Musterbrief 165** auf der Diskette). Dann behalten Sie alle Trümpfe für eine Reklamation in der Hand.

Im Urlaub: Abhilfe, Abbruch, Mängel ignorieren, Umzug

Wer während des Pauschalurlaubs Grund zum Klagen hat, muß die Mängel sofort an Ort und Stelle beim Reiseleiter anzeigen. Der ist zu schneller Abhilfe verpflichtet; notfalls informieren Sie den Veranstalter in Deutschland vom Urlaubsort aus. Machen Sie aus Beweisgründen die Mängelanzeige schriftlich und lassen Sie sie vom Reiseleiter unterschreiben. Der wird den Mangel womöglich nicht bestätigen wollen, aber zumindest Ihr Schreiben zur Kenntnis nehmen (siehe **Musterbrief 166** auf der Diskette). Werden die Probleme gelöst, können Sie sich entspannen.

Wenn nicht, haben Sie drei Möglichkeiten: den Mangel tapfer bis zum Urlaubsende zu ertragen und hinterher Ansprüche geltend zu machen, die **Reise abzubrechen** und auf Kosten des Veranstalters heimzureisen (vergleiche leicht abgewandelt Musterbrief 165) oder in sehr schlimmen Fällen zur **Selbsthilfe** zu greifen, also beispielsweise in ein anderes Hotel umzuziehen und die Mehrkosten hinterher zurückzufordern (siehe **Musterbrief 167** auf der Diskette).

Tip: Da alle drei Wege darauf hinauslaufen, daß Sie Geld zurück wollen, lohnt es, eifrig Zeugenaussagen zu sammeln, Mängel zu fotografieren oder zu filmen, Belege für Mehrkosten aufzuheben, gesundheitliche Beeinträchtigung durch verdorbenes Essen vom Arzt bestätigen zu lassen. Das steigert die Erfolgsaussichten vor Gericht.

Achtung: Das neue EU-konforme Pauschalreiserecht stellt den Urlauber bei höherer Gewalt schlechter als bisher. Entsteht etwa durch Erdbeben oder Sturm ein erheblicher Mangel, dann mußte bisher der

Veranstalter allein für Mehrkosten aufkommen (etwa durch verteuerten vorzeitigen Rückflug); jetzt zahlt der Urlauber die Hälfte selbst.

Nach der Reise: Minderung, Schadensersatz

Wurde vor Ort keine Abhilfe der Reisemängel geschaffen, beschweren Sie sich innerhalb eines Monats nach Reiseende schriftlich beim Veranstalter. Je nach Situation verlangen Sie entweder die Mehrkosten zurück, die durch Ihre Selbsthilfe entstanden sind (siehe sinngemäß **Musterbrief 167** auf der Diskette), oder eine nachträgliche Minderung des Reisepreises (siehe S. 108, **Musterbrief 168**).

Übrigens: Die Ansprüche können nach dem Ende des Urlaubs auch beim Reisebüro geltend gemacht werden, hat der Bundesgerichtshof schon 1987 entschieden (BGH Az: VII 5/87). Zudem können Sie in bestimmten Fällen zusätzlich noch Schadensersatz verlangen, etwa wegen nutzlos aufgewendeter Urlaubszeit (siehe **Musterbrief 169** auf der Diskette). Und **Schadensersatz** kann nicht nur derjenige geltend machen, auf dessen Namen die Buchung lautet, sondern auch alle Mitreisenden (wichtig bei Gruppenreisen). Am Tag der Rückkehr von der Reise beginnt eine sechsmonatige Verjährungsfrist. Wer bis dahin kein Geld zurück oder wenigstens geklagt hat, geht endgültig leer aus. Haben Sie dem Veranstalter innerhalb eines Monats nach Reiseende die Rechnung aufgemacht, wird die 6-Monats-Uhr für die Verjährung angehalten, bis der Veranstalter auf Ihre Forderung reagiert. Dann tickt die Verjährungsuhr weiter. Hat der Veranstalter Ihre Ansprüche ganz oder teilweise zurückgewiesen, sollten Sie schnellstens zur Verbraucherzentrale oder zu einem auf Reiserecht spezialisierten Anwalt gehen, um noch vor Ablauf der Verjährungsfrist gegen das Reiseunternehmen klagen zu können.

Veranstalter von Pauschalreisen müssen sich seit Ende 1994 gegen **Konkurs** absichern. Damit erhalten Urlauber im Falle einer Veranstalter-Pleite Anzahlungen (bei Ausfall der Reise) oder Kosten für die Rückreise nach Deutschland (wenn der Veranstalter zahlungsunfähig ist) zurückerstattet. Als Bestätigung dieses Pleiten-Schutzes erhält jeder Reisende vorher einen sogenannten Sicherungsschein. Bevor Sie den nicht in der Hand halten, darf der Veranstalter höchstens 10 Prozent Anzahlung verlangen (maximal 500 Mark). Spätestens bei der vollen Bezahlung vor Reiseantritt wird der Schein endgültig fällig. Falls der

Steffi Strittig
Sonnenallee 164
29341 Ruhestetten

Reiseveranstalter …
Wanderweg 7
29341 Ruhestetten

Ruhestetten,

Buchungsnummer … / Mängelanzeige vom …

Sehr geehrte Damen und Herren,

meiner Aufforderung vom …., bei folgenden reklamierten Mängeln Abhilfe zu schaffen, sind Sie während der Reise nicht nachgekommen:

……………………………………..

Da die Mängel meine Erholung maßgeblich beeinträchtigten, verlange ich eine Minderung des Reisepreises um ……….. Der Nachlaß orientiert sich an den Sätzen der Frankfurter Tabelle und schlüsselt sich wie folgt auf:

……………………………………..

Hinzu kommen folgende Mehrkosten, die durch meine eigenen Abhilfeversuche entstanden sind:

……………………………………..

Bitte überweisen Sie den Gesamtbetrag von ………….. Mark bis spätestens ………….. auf mein Konto ……………., BLZ ……………., bei der ……………… bank. Nach dieser Frist werde ich gesetzliche Hilfe in Anspruch nehmen.

Mit freundlichen Grüßen

Steffi Strittig

Musterbrief 168: Minderung des Reisepreises

Veranstalter versprochenene Leistungen wegen Zahlungsschwierigkeiten nicht oder nur teilweise erfüllen kann, springt meist der Deutsche Reisepreis-Sicherungsverein ein. Die Kosten für den Pleite-Schutz werden von Veranstaltern auf den Reisepreis umgelegt; im Schnitt verteuert sich der Urlaub um ein bis drei Mark pro 1000 Mark Reisepreis.

Normalerweise vermittelt das Reisebüro nur Angebote des Veranstalters und haftet nur für eigene Fehler (zum Beispiel beim Verwechseln von Daten oder der Angabe falscher Abfahrtszeiten). Hat das Reisebüro jedoch **Anzahlungen** verlangt und die frühzeitig an den Veranstalter weitergereicht, ohne im Gegenzug werthaltige Reisepapiere zu verlangen, und der Veranstalter macht dann pleite, muß das Reisebüro gegenüber dem Kunden Schadensersatz leisten. (Landgericht Traunstein Az: 3 O 74/93). Begründung der Richter: Das Reisebüro verletzt seine kaufmännische Sorgfaltspflicht, wenn es die vom Kunden einbehaltene Vorkasse zu früh weiterleitet und sich nicht gleichzeitig Zug um Zug vom Veranstalter die Reisepapiere aushändigen läßt (Tickets, Gutscheine für das Hotel u.ä.). Dann können Sie den Schadensersatzbrief ans Reisebüro richten (siehe sinngemäß **Musterbrief 169** auf der Diskette).

Teil D: Briefe an den Vermieter

15. Kapitel

Modernisierung und Miete aus Mietersicht

Die Thematik rund ums Wohnen verdient ein eigenes Buch wie etwa das von meinem Kollegen Gerald Drews: Ratgeber Bauen und Wohnen, München 1993.

Vor dem Einzug: Bewerbung, Makler, Mietvertrag

Auf der Suche nach einer geeigneten Wohnung stoßen Sie auf eine interessante Anzeige in der Zeitung. Jetzt tut Eile not. Ist keine Telefonnummer und auch kein Name angegeben, sollten Sie schnellstens unter der angegebenen Chiffrenummer an die Zeitung schreiben und einen **Besichtigungstermin** ausmachen (siehe **Musterbrief 170** auf der Diskette). Erhalten Sie daraufhin positive Antwort, so fragen Sie beim Treffen nach dem Status Ihres Gesprächspartners. Kam das Angebot direkt vom Vermieter, steht einer direkten Verhandlung bis ins Detail nichts im Weg.

Hat der Vermieter aber einen **Makler** beauftragt, seine Interessen wahrzunehmen, wird es für den neuen Mieter teurer. Der bekommt ein Erfolgshonorar von höchstens zwei Monatsmieten (kalt, also ohne Heiz- und Nebenkosten), zuzüglich Mehrwertsteuer, falls der Mietvertrag zustande kommt. Damit ist alles abgedeckt; Zusatzgebühren sind nicht erlaubt und können zurückgefordert werden (siehe **Musterbrief 171** auf der Diskette). Allerdings kann der Makler nur dann Geld verlangen, wenn sein Wohnungs-Tip für Sie neu war, es sich nicht um eine Sozialwohnung handelt und er kein Eigentümer, Verwalter, Vermieter oder gar der Vormieter der vermittelten Wohnung ist.

Ausnahme: Laut Stiftung Warentest darf der Verwalter einer Wohnungseigentumsanlage Provision kassieren. Erfahren Sie nach dem Einzug, daß der Makler gar keinen Anspruch auf Provision hatte, sollten Sie die gesamte Provisionszahlung zurückfordern. Die Forderung können Sie bis zu vier Jahre nach der Zahlung geltend machen (siehe

Musterbrief 172 auf der Diskette). Juristischer Streit hat um so bessere Aussicht auf Erfolg, je sicherer Sie nachweisen können, daß der Makler gegen geltendes Vermittlungs- und Wettbewerbsrecht verstoßen, seine Neutralitätspflicht verletzt oder andere Fehler begangen hat.

Bevor Sie den **Mietvertrag** unterschreiben, sollten Sie ihn einem Anwalt zeigen, der auf Mietrecht spezialisiert ist. Das kostet zwar zwischen 50 und 350 Mark Beratungshonorar (in Ostdeutschland 80 Prozent davon); Mitglieder eines Mietervereins haben diesen Service kostenlos (Adresse des Dachverbandes am Ende des Buches). Erfahrungsgemäß ist diese Ausgabe nicht umsonst. Enthält der Vertrag nämlich unwirksame Klauseln, so haben Sie nach der Unterschrift (und damit dem Zuschlag für die gesuchte Wohnung) noch alle Chancen, auch in späteren Streitfällen Recht zu bekommen. Unklare Vereinbarungen gehen vor Gericht zumeist zu Lasten des Vermieters. Hält Ihr Vermieter zum Beispiel im Vertrag nicht ausdrücklich fest, daß Sie die Betriebskosten zu tragen haben, brauchen Sie die hinterher nicht extra zu bezahlen (siehe Musterbrief 173 auf der Diskette). Nach dem Bürgerlichen Gesetzbuch sind Betriebskosten schon in der Miete enthalten.

Zumeist wird der Vermieter im Vertrag eine **Mietkaution** verlangen. Sie dient ihm als Sicherheit, falls Mieter Schäden verursachen oder Zahlungsschulden produzieren. Mehr als drei Monatsmieten (kalt) sind aber nicht erlaubt. Zudem dürfen Sie den Betrag in drei gleich hohen Monatsraten abstottern, die erste ist am ersten Mietstag fällig. Der Vermieter muß die Kaution auf einem Sonderkonto anlegen. Sie haben Anspruch auf angemessene Verzinsung – mindestens so wie beim guten alten Sparbuch (Spareinlagen mit drei Monaten Kündigungsfrist). Falls Sie nicht sicher sind, ob der Vermieter sich an die gesetzlich vorgeschriebenen Spielregeln gehalten hat, fragen Sie nach (siehe Musterbrief 174 auf der Diskette). Mitunter geht er auch darauf ein, wenn Sie eine Idee haben, wie das Geld anderswo mehr Zinsen bringt. Abrechnen muß er mit Ihnen aber erst, wenn das Mietverhältnis zu Ende geht, in der Regel spätestens sechs Monate nach dem Auszug (siehe Musterbrief 175 auf der Diskette).

Wohnalltag: Modernisierung und Mieterhöhung

Wer eine Weile in seiner Wohnung wohnt, entwickelt häufig auch Ideen, die Bleibe aufzumöbeln. Da die vier Wände Ihnen jedoch nicht gehören, ist Vorsicht beim Werkeln geboten, um nicht unbedacht die

Kündigung zu riskieren. Solange die Bausubstanz nicht verändert wird, können Sie frisch ans Werk gehen, etwa ein neues Waschbecken installieren, Fußbodenbelag austauschen oder Wandschränke einbauen. Anders bei baulichen Veränderungen: Hier muß der Vermieter vorher gefragt werden, etwa beim Einbau von Zwischenwänden, eines Bades oder der einbruchshemmenden Wohnungstür; sonst kann er nachträglich verlangen, den alten Zustand auf Ihre Kosten wiederherzustellen.

In der Regel werden Arbeiten in der Wohnung billiger, wenn der Mieter selbst modernisiert, weil die Kosten nicht auf die Miete umgelegt werden. Sie bezahlen den größten Teil der Kosten selbst, im Extremfall sogar alles **(Mietermodernisierung)**, denn der Vermieter gibt keinen Pfennig dazu. Dafür beteiligen sich viele Gemeinden finanziell an grundlegenden Arbeiten wie dem Einbau einer einbruchshemmenden Wohnungstür oder von Isolierglasfenstern, wenn der Wohnwert steigt und Energie gespart wird – allerdings besteht darauf kein Rechtsanspruch. Der Vermieter darf hinterher keinen Pfennig mehr Miete verlangen.

Achtung: Den Antrag zunächst an den Vermieter richten (siehe **Musterbrief 176** auf der folgenden Seite); der muß zustimmen, wenn die Änderung auf allgemein gebräuchlichen technischen Standard zielt, etwa die Umstellung einer Kohleheizung auf Gas.

Wenn Sie das alles schriftlich bekommen, gehen Sie Ärger beim späteren Auszug aus dem Weg.

In aller Regel kommt die Idee zur Modernisierung jedoch vom Vermieter. Das hat den Nachteil für Sie, daß hinterher 11 Prozent der Kosten auf die Jahresmiete draufgeschlagen werden. Hierbei handelt es sich um eine von sechs Möglichkeiten, Ihnen die Miete zu erhöhen – die anderen Gefahren lauern bei der Anpassung an die ortsübliche Vergleichsmiete, bei Betriebskostensteigerungen, bei verteuerten Krediten für den Vermieter, bei Staffelmieten sowie bei Indexmieten (in einer Sozialwohnung gelten diese Gefahren erst, wenn die öffentliche Förderung ausgelaufen ist). Allerdings muß man sich nicht jede **Mieterhöhung wegen Modernisierung** gefallen lassen. Zwei Monate vor beabsichtigtem Beginn muß der Vermieter die Details schriftlich angekündigt haben (Arbeitsumfang, Beginn, Dauer, Mieterhöhung). Sprechen gute Gründe dagegen, so sollten Sie der Ankündigung Ihres Vermieters widersprechen.

Ist die Ankündigung fehlerhaft und enthält zum Beispiel Arbeiten, die nicht zur Modernisierung gerechnet werden dürfen (Reparaturen,

Marco Moser
Am Altbau 170
29342 Mietersheim

Rolf Raffke
Grundherrenstraße 8
29342 Mietersheim

Mietersheim,

Mietvertrag Nummer .... / Mietermodernisierung

Sehr geehrte Damen und Herren,

ich beabsichtige, demnächst folgende bauliche Veränderungen bzw. Modernisierungsarbeiten in der Wohnung vorzunehmen:

....

Von der Kommune würde ich auf Antrag einen guten Teil der Kosten zurückerstattet bekommen. Allerdings nur, wenn sich die Miete dadurch nicht erhöht und Sie als Vermieter der Modernisierung schriftlich zustimmen, worum ich Sie hiermit ausdrücklich bitte.

Die Arbeiten würden etwa .... Mark kosten. Daher ist die Investition für mich nur sinnvoll, wenn Sie zudem
• darauf verzichten, daß ich bei meinem Auszug den alten Zustand wiederherstellen muß,
• die Modernisierung als vollwertig anerkennen und nicht später die gleiche Prozedur als Vermieter-Modernisierung durchziehen.

Auch in diesen beiden Punkten bitte ich um Zustimmung. Im Gegenzug verpflichte ich mich, spätestens nach .... Jahren Miete und dann womöglich folgendem Auszug keinerlei Entschädigung mehr für die Modernisierungskosten zu beanspruchen.

Mit freundlichen Grüßen

Marco Moser

Musterbrief 176: Antrag Mietermodernisierung

Instandsetzung, Ersatz), sollten Sie eine Korrektur verlangen (siehe **Musterbrief 177** auf der Diskette). Würde die Modernisierung sogar eine unzumutbare Härte darstellen, sollten Sie das im Widerspruch deutlich machen und die Arbeiten ganz ablehnen (siehe **Musterbrief 178** auf der Diskette). Härtefälle sind zum Beispiel Schwangerschaft, eine kleinere Wohnfläche als Folge der Modernisierung, Heizungsmodernisierung im Winter, Zerstören eigener Modernisierungsergebnisse, die mit Zustimmung des Vermieters zustande kamen.

Wer die Modernisierung partout nicht mitmachen will, kann die Wohnung bis zum Ende des Monats kündigen, an dem er die Ankündigung erhalten hat. Dann endet der Mietvertrag einen Monat später. Doch wer will das schon? Wenigstens sollten Sie dann um eine anständige Abfindung kämpfen.

Die meisten werden sich der Modernisierung schließlich fügen. Doch auch dann kann man sich gegen Willkür wehren. So können Sie auf **Mietminderung wegen Bauarbeiten** pochen, wenn Lärm und Staub Ihnen arg zu schaffen machen (siehe **Musterbrief 179** auf der Diskette). Je nach Einzelfall haben Gerichte vielfach 20 bis 60 Prozent Mietminderung wegen Lärm und Dreck bei Bauarbeiten im Haus zuerkannt.

Sind die Modernisierungsarbeiten endlich beendet, muß meistens renoviert werden. Viele Vermieter sind der irrigen Meinung, das sei Sache des Mieters (»Schönheitsreparatur«), obwohl sie selbst die Aktion veranlaßt hatten. Die malermäßige Instandsetzung nach Bauarbeiten zählt dazu aber nicht, weiß die Stiftung Warentest und empfiehlt Mietern, sich nicht auf diese Kosten einzulassen, sondern die Renovierung nach Bauarbeiten auf Initiative des Vermieters vom Vermieter zu verlangen und bezahlen zu lassen (siehe **Musterbrief 180** auf der Diskette).

Auch ohne Modernisierung wird Ihr Vermieter in Abständen mehr Miete verlangen. Je nach Begründung sollten Sie die Forderung wieder von einem spezialisierten Anwalt prüfen lassen. Steht häufiger Ärger oder Streit ins Haus, empfiehlt sich die Mitgliedschaft in einem Mieterverein samt komplettem Rechtsschutz (kostet etwa 70 bis 150 Mark Beitrag im Jahr). Bei **Mieterhöhung durch Anpassung an die ortsübliche Vergleichsmiete** können Sie der Preissteigerung nur entgehen, wenn sich der Vermieter Formfehler leistet und zum Beispiel nicht wenigstens ein Jahr seit der letzten Mieterhöhung wegen Vergleichsmiete gewartet hat. Auch wenn die Miete in den letzten drei Jahren um mehr als 30 Prozent (Fertigstellung ab 1981) bzw. 20 Prozent (Fertigstellung vor 1981) gestiegen ist, wäre die neuerliche Forderung überhöht. Dann sollten Sie widersprechen, und zwar bis zum Ende des übernächsten Monats (siehe **Musterbrief 181** auf der Diskette).

Ist im Mietvertrag eine Staffelmiete vereinbart, so sind Stufen der Mieterhöhung im voraus festgelegt, und zwar für mindestens 10 Jahre. Dabei muß wenigstens ein Jahr bis zur nächsten **Mieterhöhung bei Staffelmiete** vergehen. Übrigens: Bei solchen Verträgen scheiden alle anderen Gründe zur Mieterhöhung aus (bis auf Erhöhung wegen gestiegener Betriebskosten). Falls sich der Vermieter nicht an die Spielregeln hält, sollten Sie widersprechen (siehe **Musterbrief 182** auf der Diskette). Seit September 1993 können auch Indexmieten vereinbart werden, das heißt, die Miete wird an den Preisindex für die Lebenshaltung gekoppelt. Eine **Mieterhöhung bei Indexmiete** ist nur gestattet, wenn der Vertrag von vornherein mindestens 10 Jahre Laufzeit hat und der Vermieter auf sein ordentliches Kündigungsrecht in dieser Zeit verzichtet. Dabei muß wenigstens ein Jahr Abstand bis zur nächsten Mieterhöhung gewahrt sein. Bei solchen Verträgen scheiden alle anderen Gründe zur Mieterhöhung aus (bis auf Erhöhung wegen gestiegener Betriebskosten). Falls sich der Vermieter nicht an die Spielregeln hält, sollten Sie widersprechen (siehe **Musterbrief 183** auf der Diskette).

Bestandteil des Mietvertrages sind auch die Betriebskosten, also alle Nebenkosten, die dem Vermieter aus Eigentum und Nutzung der Immobilie entstehen. Eine **Mieterhöhung wegen gestiegener Betriebskosten** ist nur gestattet, wenn sich aus der Abrechnung aller im Mietzins enthaltenen Betriebskosten ergibt, daß im Abrechnungszeitraum die Kosten tatsächlich gestiegen sind. Nur wenn der Nachweis detailliert geführt und lediglich das an Kosten aufgeführt wird, was im Mietvertrag steht, darf die Miete um den Mehrbetrag an Betriebskosten steigen. Erhalten Sie die höhere Mietforderung bis zum 15. des Monats und widersprechen nicht, ist die Mieterhöhung zum Ersten des nächsten Monats wirksam. Bei offensichtlichen Abrechnungsfehlern empfiehlt sich vorsorglicher Widerspruch (siehe **Musterbrief 184** auf der Diskette).

Achtung: Zumeist zahlen Mieter jedoch eine monatliche Betriebskostenpauschale, die einmal jährlich abgerechnet wird (nach § 4 Absatz 1 Miethöhegesetz). In diesen Fällen scheidet jegliche Mieterhöhung wegen gestiegener Betriebskosten aus.

Im frei finanzierten Wohnungsbau ist auch eine **Mieterhöhung wegen gestiegener Kapitalkosten** möglich. Wenn sich die Kredite verteuern, die der Vermieter zur Finanzierung »Ihres« Hauses aufgenommen hat, kann er die Zinssteigerung an die Mieter weitergeben. Üblicherweise passiert das immer dann, wenn die Zinsbindungsfrist abgelaufen ist und die Bank in der Zwischenzeit höhere Hypothekenzinsen vom Eigentümer verlangt. Lassen Sie sich vor der Bezahlung höherer Miete vom Vermieter nachweisen, daß noch Schulden auf der Immobilie lasten und die Forderung damit überhaupt rechtens ist (siehe **Musterbrief 185** auf der Diskette).

Übrigens: Falls Sie einen Staffelmietvertrag haben, so können gestiegene Kapitalkosten extra als Grund zur Mieterhöhung herangeführt werden; bei einem Indexmietvertrag dagegen nicht.

Achtung: Sämtliche Gründe für die Mieterhöhung gelten mit Ausnahme von Modernisierung nur für frei finanzierte Wohnungen. Bei Sozialwohnungen treten die gleichen Regeln erst nach Ablauf der Preisbindungsfrist in Kraft, also nach Auslaufen der öffentlichen Förderung für den Vermieter. Bei ostdeutschen Wohnungen, die vor der deutschen Einheit gebaut wurden, ist voraussichtlich bis Ende 1995 die freie Mietvereinbarung verboten. Lediglich bei Modernisierung, gestiegenen Betriebskosten, gesetzlich verordneter höherer Grundmiete und im Falle gesetzlich erlaubter Beschaffenheitszuschläge kann der Vermieter mehr Geld verlangen. Für Mietverträge ab 1993 kann der Eigentümer laut Stiftung Warentest auch einen zusätzlichen Instandsetzungszuschlag in Rechnung stellen. Insbesondere falsche Abrechnungen zu Beschaffenheitszuschlägen sollten zurückgewiesen werden (siehe **Musterbrief 186** auf der Diskette).

Bei Mängeln: Abhilfe oder Mietminderung

Für die volle Miete kann man eine fehlerfreie Wohnung erwarten. Ist etwas nicht in Ordnung, sollte der Vermieter eingeschaltet werden, um den Mangel zu beseitigen (siehe **Musterbrief 187** auf der Diskette). Sie haben Anspruch auf **Mängelbeseitigung** in angemessener Zeit. Weigert sich der Vermieter oder läßt gar nichts von sich hören, sollten Sie ihn mahnen und zugleich **Mietminderung** androhen (siehe **Musterbrief 188** auf der Diskette). Passiert dann immer noch nichts, greifen Sie zur **Selbsthilfe** und beauftragen eine Fachfirma, die den Mangel beseitigt. Wenn dann alles in Ordnung ist, schicken Sie die

Rechnung zusammen mit einer angemessenen Mietminderung an den Vermieter (siehe **Musterbrief 189** auf der Diskette). Falls der verärgert reagiert und Ihnen Ihre Verrechnung der Kosten mit der laufenden Miete als Mietrückstand auslegt (also die fristlose Kündigung androht), sollten Sie anwaltlichen Rat einholen. Rechtskundige Mieter könnten Ihrerseits mit einer Feststellungsklage offensiv gegen die fristlose Kündigung vorgehen (siehe **Musterbrief 190** auf der Diskette). Damit gehen Sie der Kündigung vorerst aus dem Weg und geben dem Vermieter eine letzte Chance, Ihre offenen Forderungen zu begleichen.

16. Kapitel

Spannungen im Mietverhältnis

Zu Spannungen im Mietverhältnis kann es je nach Temperament und Verhalten jederzeit kommen, vor allem dann, wenn vermeintlich falsche Abrechnungen im Spiel sind, der Mietvertrag jeweils anders ausgelegt wird oder Sonderwünsche angemeldet werden.

Nicht normal: falsche Rechnung, Sonderwünsche, Abmahnung

Von Betriebskosten war schon im vorigen Abschnitt im Zusammenhang mit Mieterhöhung die Rede. Häufiger gibt es jedoch Ärger mit vermeintlich **falschen Abrechnungen**. Da diese Thematik wirklich kompliziert ist, sollten Sie bei gravierenden Unklarheiten die Abrechnung vom Mieterverein oder anderen Fachleuten prüfen lassen. Rechnungsposten wie »übliche öffentliche Ausgaben« oder »sonstige Nebenkosten« brauchen Sie aber garantiert nicht zu akzeptieren. Da Betriebskosten im voraus zu zahlen sind, wird bei der Endabrechnung noch ein Zuschlag fällig, oder Sie können sich über eine Rückzahlung freuen. Gibt es die Rückzahlung, aber für die folgende Periode besteht der Vermieter wieder auf den alten, hohen Vorauszahlungen, so können Sie die als unangemessen zurückweisen und eine geringere Zahlung leisten (siehe **Musterbrief 191** auf der Diskette).

Vielfach ergeben sich im Laufe der Zeit auch Sonderwünsche, die über bauliche Veränderungen hinausgehen. So der Wunsch nach einem **Haustier**. Kleintiere wie Wellensittich, Meerschweinchen oder Goldhamster kann jeder nach Gutdünken halten. Bei größeren Tieren wie Hund und Katze hat der Vermieter meist eine Vertragsklausel eingebaut, die seine vorherige Zustimmung erfordert. Dann empfiehlt sich ein Brief mit der freundlichen Bitte um die Erlaubnis zur Haltung eines Tieres in dem Mietobjekt (siehe **Musterbrief 192** auf der Diskette). Ohne Erlaubnis kann der Vermieter verlangen, daß das Tier wieder aus dem Haus kommt, aber Ihnen nicht kündigen. Wollen Sie jedoch kein Haustier, sondern einen **Untermieter**, so hängt das von der Zustimmung des Vermieters ab. Der Mieter hat dabei zumeist gute Karten, wenn die Wohnung nicht zu klein für die zusätzliche Person ist und einleuchtende Gründe dafür sprechen (siehe **Musterbrief 193** auf der Diskette). Stellt sich der Vermieter generell quer, so sollten Sie einen Anwalt einschalten; hat er nur etwas gegen eine konkreten Untermieter, so kommt es auf den Grund an. Stimmt der Vermieter schließlich zu, will aber dafür mehr Miete kassieren, so sollten Sie das strikt ablehnen (siehe **Musterbrief 194** auf der Diskette).

Das Kleingedruckte im Mietvertrag und die Hausordnung bestimmen die Regeln fürs Zusammenleben im Haus. Wer sich nicht daran hält, läuft Gefahr, über kurz oder lang aus der Wohnung zu fliegen. In aller Regel wird es vorher Gespräche geben, falls das nichts hilft, eine Abmahnung. Die sollten Sie ernst nehmen, weil dann die fristlose Kündigung nicht mehr weit ist. Sind die Gründe aus Ihrer Sicht wenig stichhaltig, empfiehlt sich eine entsprechende Antwort (siehe **Musterbrief 195** auf der Diskette).

Am Ende: Kündigung, Auszug, Umzug

Ein Kapitel für sich wären die Regeln rund um die Wohnungskündigung. In solchen Härtefällen kann der seriöse Rat abgekürzt nur lauten: sofort Rechtsschutz in Anspruch nehmen, um nicht unverhofft auf der Straße zu sitzen. Wenn der Vermieter Sie vor die Tür setzen will, ist meist Eigenbedarf im Spiel, ansonsten beruft er sich auf mangelnde wirtschaftliche Verwertung (zu geringe Miete, blockierte Verkaufsabsicht) oder auf gravierende Verstöße gegen den Mietvertrag (zwei Monatsmieten im Rückstand; laufend rücksichtsloses Verhalten). Selbst wenn die Gründe zutreffen, muß er Ihnen fristgerecht (ab drei

Monate aufwärts, je nach Mietdauer) und schriftlich kündigen. Und selbst dann, wenn er buchstabengetreu kündigt, kann der Mieter die Sache immer noch geradebiegen und den **Kündigungsgrund beseitigen** (siehe **Musterbrief 196** auf der Diskette). Meist geht es dabei um Mietschulden.

Faustregel: Spätestens einen Monat, nachdem der Vermieter Räumungsklage erhoben hat, müssen die Mietschulden beglichen sein. Oder Sie legen eine schriftliche Bescheinigung vor, daß das Sozialamt dafür einsteht (vergleiche Musterbrief 22 auf der Diskette).

Die **Kündigung wegen Eigenbedarf** des Vermieters steht häufig auf tönernen Füßen. Gut stehen die Chancen für den erfolgreichen Widerspruch des Mieters, wenn er die Begründung als wenig schlüssig entlarvt. So, wenn der Vermieter oder dessen Angehörige in eine andere, freiwerdende Wohnung ziehen könnten, die ihm auch gehört (siehe **Musterbrief 197** auf der folgenden Seite):

Übrigens: War der Eigenbedarf bereits absehbar, als Sie den Mietvertrag unterschrieben hatten, ist die Kündigung unwirksam. Doch selbst wenn der Eigenbedarf echt ist, können Sie zumeist erfolgreich dagegenhalten, wenn die Kündigung eine unzumutbare Härte darstellt. Dann empfiehlt sich **Widerspruch nach Sozialklausel** (siehe **Musterbrief 198** auf der Diskette).

Gründe:
- schwere Krankheit,
- hohes Alter,
- lange Wohndauer,
- Schwangerschaft,
- bevorstehende Prüfungen,
- fehlende Ersatzwohnung zu vergleichbarer Miethöhe,
- geringes Einkommen.

Der Widerspruch sollte spätestens zwei Monate vor Ablauf der Kündigungsfrist schriftlich erklärt werden.

Mitunter kommt es auch zur **Kündigung wegen Hinderung angemessener wirtschaftlicher Verwertung**. Wenn das ganze Haus oder die betreffende Wohnung verkauft werden soll, so läßt sich in unbewohntem Zustand natürlich höherer Erlös erzielen. Dieses trifftige Argument müssen Sie sich allerdings nicht zu eigen machen. Verlangen Sie den Nachweis, was die Wohnung seinerzeit gekostet hat und wieviel sie jetzt in vermietetem Zustand einbringen würde (siehe **Musterbrief 199** auf der Diskette). Ist der Erlös jetzt höher, entfällt der

Marco Moser
Am Altbau 170
29342 Mietersheim

Rolf Raffke
Grundherrenstraße 8
29342 Mietersheim

Mietersheim,

Eigenbedarfskündigung vom .... /Widerspruch

Sehr geehrte Damen und Herren,

mit Schreiben vom ... haben Sie mir wegen Eigenbedarf die Wohnung gekündigt.

Hiermit widerspreche ich der Kündigung, weil die Gründe für mich nicht nachvollziehbar sind und damit die Wirksamkeit der Kündigung in Frage gestellt ist.

Zum einen war der angeführte Eigenbedarf schon bei Abschluß des Vertrages absehbar, zum anderen steht eine gleich große Wohnung im ... Stockwerk leer, die ebenfalls Ihnen gehört.

Es besteht kein Grund, auf meiner Wohnung zu beharren. Daher gehe ich davon aus, daß unser Mietverhältnis über den Kündigungstermin hinaus Bestand hat.

Mit freundlichen Grüßen

Marco Moser

Musterbrief 197: Widerspruch Eigenbedarfskündigung

Kündigungsgrund. Zudem bleibt als Ausweg immer noch – wie im Absatz zuvor geschildert – der Widerspruch nach Sozialklausel. Bei ostdeutschen Mietverträgen aus der Zeit vor der Wiedervereinigung wird mangelnde wirtschaftliche Verwertung auf Dauer nicht als Kündigungsgrund anerkannt.

Doch nicht nur Vermieter haben Kündigungsrechte, der **Mieter kann auch kündigen**. Dabei gelten die gleichen Kündigungsfristen von mindestens drei Monaten (siehe **Musterbrief 200** auf der Diskette). Ab 5 Jahren Mietdauer steigt die Frist auf mindestens sechs Monate, nach 8 Jahren auf mindestens neun Monate und ab 10 Jahren auf zwölf Monate. Ein kürzeres Sonderkündigungsrecht ergibt sich aus besonderen Umständen, etwa bei Gesundheitsgefährdung oder den meisten Spielarten von Mieterhöhung:

- ortsübliche Vergleichsmiete
- gestiegene Kapitalkosten
- Kostenmiete (Sozialwohnung)
- Modernisierung

(siehe **Musterbrief 201** auf der Diskette). Liegen solche besonderen Umstände bei frei finanzierten Wohnungen nicht vor, können Mieter versuchen, vorzeitig zu kündigen, indem sie einen **Nachmieter** stellen (siehe **Musterbrief 202** auf der Diskette).

Außerordentliche Gründe für kurzfristige Kündigung, falls sich ein Nachmieter findet:

- schwere Krankheit,
- unvorhersehbarer, beruflich bedingter Ortswechsel,
- plötzliche Wohnungsenge durch Mehrlingsgeburt.

Der Vermieter hat aber das letzte Wort, welchen Nachmieter er akzeptiert.

Geht es an den Auszug, muß die Wohnung ordnungsgemäß übergeben werden: leergeräumt, besenrein, von grobem Schmutz befreit, mit allen Schlüsseln von Haus und Wohnung. Bei baulichen Veränderungen oder Einbauten gilt: War nichts anderes vereinbart, muß der ursprüngliche Zustand wiederhergestellt werden (auf Kosten des Mieters). In dieser Situation macht sich nachträglich bezahlt, wenn Sie seinerzeit bei jeder Veränderung den Vermieter gefragt und zugleich seinen Verzicht eingeholt haben, den ursprünglichen Zustand beim Auszug wiederherstellen zu müssen (vergleiche Musterbrief 176). Mitunter verpflichtet der Mietvertrag Sie aber, beim Auszug zu renovieren. Dies ist nur nötig, wenn Sie vorher nicht die Fristen für normale

Schönheitsreparaturen eingehalten hatten. Nach Einzug müssen Küche, Dusche und Bad alle drei jahre renoviert werden, Wohn- und Schlafräume alle fünf Jahre und Nebenräume wie Flur und Toilette alle sieben Jahre. Haben Sie sich da nichts vorzuwerfen, sollten Sie die **Auszugsrenovierung** zurückweisen (siehe **Musterbrief 203** auf der Diskette). Übrigens: Für Umzugsschäden in Haus und Wohnung haften Sie dem Vermieter direkt, können sich das Geld aber wieder zurückholen, wenn die Speditionsfirma den Schaden verursacht hat (siehe **Musterbrief 204** auf der Diskette). Gibt es Streit mit dem Spediteur, kann der Kunde bei der Arbeitsgemeinschaft Möbeltransport reklamieren (Adresse am Ende des Buches). Haben Sie dagegen noch Ansprüche an den Vermieter, etwa die Rückzahlung der Mietkaution (vergleiche Musterbrief 175), so müssen die spätestens sechs Monate nach dem Auszug gefordert werden; danach ist alles verjährt.

Teil E: Briefe an Banken und Versicherungen

17. Kapitel

Geldanlagen

Wer profitabel sparen will, muß zunächst mit sich selbst über Betrag, Sicherheit der Anlage, zwischenzeitliche Verfügbarkeit und Konsequenzen für die Kapitalertragssteuer ins Reine kommen. Zu den Faustregeln cleveren Sparens gehört es, nicht alles Geld auf eine Karte zu setzen, sondern auf mehrere Anlage-Formen zu verteilen, keine Anlageform zu vergöttern, langfristig auf Sachwerte hinzuarbeiten und den Anlage-Mix von Zeit zu Zeit zu überprüfen, besonders dann, wenn die Laufzeit von Geldanlagen ihrem Ende entgegengeht oder ein Zinshoch bzw. -tief beendet ist.

Banken: Angebote und Aufträge

Haben Sie sich für eine bestimmte Anlage entschieden (möglichst vorher bei mindestens einer Bank beraten lassen), sollten Sie nicht blindlings unterschreiben, sondern das gewünschte Geldanlage-Angebot bei mehreren Banken einholen (siehe **Musterbrief 205** auf der Diskette) und sich für das Kreditinstitut mit der höchsten Rendite entscheiden.

Meist haben es Sparer schwer, die klein anfangen wollen und jeden Monat nur ein kleines Sümmchen aufs Konto überweisen können. Ihnen bieten Banken in aller Regel nur Sparpläne. Wer nicht wenigstens 20 Jahre durchhält, wird häufig mit 4,5 Prozent Rendite und weniger abgespeist.

Ausweg: Kaufen Sie regelmäßig Bundeswertpapiere, insbesondere Bundesschatzbriefe. Diese festverzinslichen und absolut sicheren Wertpapiere des Bundes kriegt man ab 100 Mark aufwärts bei jeder Bank zu absolut identischen Bedingungen und gebührenfrei zu kaufen. »Bundesschätzchen« bieten garantiert den festen Zins des Kauftages für die gesamte Laufzeit von sechs Jahren (Typ A) bzw. sieben Jahren (Typ B). Jeweils nach einem Jahr kann bei Bedarf Geld abgehoben werden. Ein eigens eingerichteter Informationsdienst informiert über Bundeswertpapiere (Adresse am Ende des Buches); die aktuellen Konditionen erfahren Sie bundesweit rund um die Uhr unter der Nummer 069/1 97 18.

Zwar sind Bundesschatzbriefe nicht unbedingt nach dem Sparplan-Prinzip angelegt, doch können Sie sie dazu umfunktionieren: Sie gehen beim ersten Mal direkt zu Ihrer Bank, kaufen für 100 Mark oder mehr Bundesschatzbriefe und lassen danach die weiteren Raten von Ihrem Girokonto abbuchen; die Einrichtung des entsprechenden Dauerauftrages kostet einmalig etwa drei Mark. Danach hätten Sie keine Arbeit mehr damit (siehe **Musterbrief 206** auf der nächsten Seite):

Achten Sie beim ersten Gang zur Bank aber auch darauf, an Ort und Stelle unbedingt ein Schuldbuchkonto für Bad Homburg zu eröffnen, auf das die 100 Mark dann regelmäßig wandern. Damit vermeiden Sie Verwaltungs- und Depotgebühren. Erforderlich ist nur ein gesonderter Vordruck, den Ihnen Ihre Hausbank geben muß: Sie erklären an Ort und Stelle die Eröffnung eines Einzelschuldbuch-Kontos bei der Bundesschuldenverwaltung in Bad Homburg. Damit ist die Rendite sofort rund 0,2 Prozent besser, als wenn die Schatzbriefe in der Hausbank deponiert würden. Wenn Sie wechselnde Summen überweisen möchten, ist der Dauerauftrag ungeeignet. Dann machen Sie alles wie oben beschrieben, lassen aber den Dauerauftrag weg. Statt dessen kopieren Sie sich den Musterbrief 206, tragen die gewünschte Summe jeden Monat neu ein und stecken den Auftrag in den Briefkasten Ihrer Hausbank (auch außerhalb der Öffnungszeiten möglich!), wenn Sie sowieso dort vorbeigehen.

Sichere Geldanlagen haben in der Regel eine feste Laufzeit. Bei einigen Formen kann man zwischendurch an sein Geld heran, bei anderen überhaupt nicht. Optimal sind in dieser Hinsicht festverzinsliche Wertpapiere (Anleihen, Obligationen, Schuldverschreibungen und Pfandbriefe), weil Sie die auch kurzfristig wieder flüssig machen zu können. Stark eingeschränkt ist der plötzliche Zugriff aufs Sparbuch, unmöglich im Normalfall bei Finanzierungsschätzen, Festgeld und Sparbriefen. Da hilft nur, die Laufzeit abzuwarten, die vorgegebene **Kündigungsfrist** einzuhalten und dann auszusteigen (siehe **Musterbrief 207** auf der Diskette).

Zuweilen machen Banken eine Ausnahme. Liegen trifftige Gründe vor, etwa ein Todesfall in der Familie, längere Arbeitslosigkeit oder außergewöhnliche finanzielle Belastungen, so läßt die Bank Sie wahrscheinlich nicht im Regen stehen. Sie sollten dann unverzüglich anfra-

Achim Anleger
In der Kohlheck 205
29343 Sparow

Kreditinstitut ...
Wertpapierabteilung
Goldgrube 2
29343 Sparow

Sparow,

Girokonto ... / Kauf von Wertpapieren / Überweisungsauftrag Bundesschatzbriefe auf Schuldbuchkonto ...

Sehr geehrte Damen und Herren,

hiermit beauftrage ich Sie, zu Lasten meines oben genannten Girokontos ab ...... am Ersten jedes Monats für .... Mark Bundesschatzbriefe (Typ ...) zu kaufen.

Überweisen Sie die Papiere bitte auf mein Schuldbuchkonto .... bei der Bundesschuldenverwaltung in Bad Homburg.

Mit freundlichen Grüßen

Achim Anleger

Musterbrief 206: Gebührenfreier Sparplan Bundesschatzbriefe gen, ob eine **vorzeitige Rückzahlung** oder Beleihung des festangelegten Geldes möglich ist (siehe Musterbrief 208 auf der Diskette); beides führt aber zu herben Verlusten.

Beispiel Festgeld: Banken beleihen Festgeld, verlangen dafür aber mindestens 2 Prozent höhere Kreditzinsen als der Anleger Sparzinsen bekam.

Beispiel Sparbriefe: Die kann man ebenfalls beleihen; das kostet 2 bis 5 Prozent mehr, als Ihnen die Briefe an Zinsen einbringen würden. Nur in äußersten Notlagen, die von der Bank nachgeprüft werden, kann ein Sparbrief vor der Zeit gekündigt werden.

Bei Sparverträgen für **vermögenswirksame Leistungen** gilt: Versäumen Sie auf keinen Fall, nach Ablauf der sechsjährigen Einzahlung GmbH- und auch Genossenschafts-Beteiligungssparpläne zu kündigen. Trotz Arbeitnehmer-Sparzulage sind sie für die Vermögensbildung völlig ungeeignet, weil das Geld bei diesen hochriskanten Anlagen nicht nur wenig Rendite erwarten läßt, sondern auch der gesamte Einsatz verlorengehen kann. Für neue VL-Verträge sollten Arbeitnehmer nur staatlich geförderte Formen wie Aktienfonds-Sparpläne, Bausparverträge oder Beteiligungen am arbeitgebenden Unternehmen eingehen. Ist also die Einzahlungsphase beendet (meist nach 6 Jahren), so sollte fristgemäß die GmbH- oder Genossenschaftsbeteiligung gekündigt werden (siehe Musterbrief 209 auf der Diskette). Verlangen Sie von der Anlagegesellschaft zugleich eine detaillierte Abrechnung und prompte Überweisung Ihres Geldes. Mitunter haben solche Beteiligungen aber sehr lange Kündigungsfristen. Wer nicht rechtzeitig kündigt, kann nur auf vorzeitigen Ausstieg hoffen, wenn er in Not geraten ist . Typische »Notlagen« sind Arbeitslosigkeit, Familiennachwuchs, Hochzeit, Verluste mit anderen Beteiligungen. Die Kündigungsfrist beträgt dann drei Monate zum Ende des laufenden Geschäftsjahres (siehe Musterbrief 210 auf der Diskette).

18. Kapitel

Kredite

Wer Geld braucht und keine finanziellen Rücklagen hat, sucht einen Kredit. Zunächst kommt der Dispositionskredit in Betracht. In der Regel kann man sein Girokonto um zwei bis drei Monatseinkommen überziehen.

Vorteil: Sie zahlen Zinsen wirklich nur für die Zeit und genau für die Summe der Überziehung. Kommt das Konto mit der nächsten Gehaltszahlung wieder ins Plus, gilt der Kredit ohne alle Formalitäten als getilgt. Die Obergrenze für die Überziehung wird immer von der Bank festgelegt und meist auf jedem Kontoauszug konkret für Sie ausgewiesen. Wer mehr Geld braucht, muß vorher mit der Bank reden und zusätzlich zu den Dispokreditzinsen von häufig 13 Prozent noch Überziehungszinsen von etwa 5 Prozent im Jahr zahlen.

Finanzierung: Anfragen und Vergleiche

Erst wenn der Spielraum auf Ihrem Gehaltskonto nicht ausreicht, empfiehlt sich ein **Ratenkredit**. Er ist meist billiger als ein Abzahlungsgeschäft im Handel, also der Kauf auf Raten. Den klassischen Konsumentenkredit bieten Banken für Summen zwischen 2000 und 50000 Mark, zurückzuzahlen in festen Monatsraten zwischen ein und sechs Jahren. Der Preis: etwa 13 bis 16 Prozent Zinsen. Da sind bei 10 000 Mark Kredit und einer Laufzeit von zwei Jahren jeden Monat rund 475 Mark fällig (Kreditanfrage siehe **Musterbrief 211** auf der Diskette).

Wohl am häufigsten fragen Verbraucher um Kredit nach, um Autos und Wohneigentum anzuschaffen. Besonders bei **Hypothekendarlehen** geht es um größere Beträge und langfristige Verbindlichkeiten. Da hilft ein richtiger Kreditkostenvergleich, Geld zu sparen, denn eine Stelle Unterschied hinterm Komma kann umgerechnet über 10000 Mark Plus oder Minus bedeuten. Fragen Sie also bei mehreren Banken wegen einer Baufinanzierung nach. Steht der eigene Bedarf im Vordergrund und wird neuer Wohnraum geschaffen, so sollten zuerst Möglichkeiten öffentlicher Kredite geprüft werden, die deutlich billiger als Baukredite von der Hausbank sind (siehe **Musterbrief 212** auf der Diskette). Am besten, Sie fragen schon Anfang Dezember bei Ihrer kommunalen Verwaltung nach. Wer zu spät kommt, steht sonst vielleicht vor leeren Töpfen. Denn das Geld ist knapp, und auf Fördermittel besteht weiterhin kein Rechtsanspruch. Baukredit mit öffentlichem Zinszuschuß kostet anfangs vielfach nur 2 bis 3 Prozent Zinsen. Für die meisten wird der Traum vom eigenen Haus erst durch die Landeshilfe realistisch. Darauf verzichten kann eigentlich nur, wer mindestens 40 Prozent Eigenkapital mitbringt. Das jeweilige Bundesland schreibt jedoch vor, wieviel Geld über die Monatsrate hinaus mindestens zum Leben bleiben muß. Faustregel: ein fast doppelt so hoher Satz wie für Sozialhilfe.

Für die Gesamtfinanzierung braucht man zusätzlich ein **Hypothekendarlehen** von der Bank (beim Kauf von Altbauten ist es ohnehin der wichtigste Finanzpfeiler). Erst damit steht in aller Regel der Finanzierungsplan. Also richten Sie auch Anfragen an mehrere Hypothekenbanken (siehe **Musterbrief 213** auf der Diskette). Wollen Sie nicht selbst einziehen, sondern mit dem Kauf eine gute Kapitalanlage machen, so schauen Sie vor allem auf realistische Mieteinnahmen im Verhältnis zum Kaufpreis und bringen diese Daten schon bei der Kreditanfrage zur Sprache (siehe **Musterbrief 214** auf der Diskette).

Haben Sie mehrere Angebote eingeholt, so werden Sie häufig feststellen, daß die Angaben nicht ohne weiteres vergleichbar sind, obwohl Sie doch jedem denselben Brief geschrieben hatten. Entweder klären Sie das telefonisch, machen einen Beratungstermin mit der Verbraucherzentrale aus oder starten noch eine zweite Briefrunde, um die **Darlehensangebote** vergleichbar zu machen (siehe **Musterbrief 215** auf der Diskette). Letztlich müssen Sie sich für eine Bank entscheiden; führen Sie mit dem Institut mindestens ein ausführliches Beratungsgespräch. Ergeben sich in den folgenden Wochen keine Komplikationen (zum Beispiel Forderung nach Extra-Sicherheiten), dann – und erst dann – sollten Sie den anderen Banken absagen (siehe **Musterbrief 216** auf der Diskette).

Rückzahlung: Zinsanpassung und Tilgungsaussetzung

Haben Sie den Kredit unter Dach und Fach, können Sie erst mal durchatmen, spüren aber auch sehr bald die monatliche Rate der Rückzahlung im Nacken. Laufen die persönlichen Finanzen zwischenzeitlich aus dem Ruder, etwa durch Verlust des Jobs, sollten Sie sofort mit der Bank reden und um **Tilgungsaussetzung** bitten (siehe folgenden **Musterbrief 217**):

Birte Borger
Klammheide 211
29344 Borgsdorf

Hypothekenbank …
Scheffelstr. 14
29344 Borgsdorf

Borgsdorf,

Baudarlehen ….. /Tilgungsaussetzung wegen Zahlungsschwierigkeiten

Sehr geehrte Damen und Herren,

leider bin ich derzeit nicht in der Lage, die Raten für das oben genannte Baudarlehen zu bezahlen. Grund:

…………………………………

Ich beabsichtige den finanziellen Engpaß zeitlich wie folgt zu überbrücken:

…………………………………..

Sie würden mir dabei sehr helfen, wenn die Tilgung bis ………… ausgesetzt würde und die Rate bis dahin nur aus der fälligen Zinszahlung bestehen könnte. Bitte geben Sie mir bald Bescheid.

Mit freundlichen Grüßen

Birte Borger

Musterbrief 217: Antrag auf Tilgungsaussetzung

In der Not läßt sich ein Hypothekendarlehen, aber auch ein herkömmlicher Ratenkredit nach vorheriger Absprache mit der Bank meist problemlos in der Tilgung strecken. Man zahlt dann länger, kann dafür kleinere Raten abstottern. Sie haben darauf jedoch keinen Rechtsanspruch (auch nicht auf Stundung). Selbst dann nicht, wenn Sie ohne eigenes Verschulden zahlungsunfähig werden. Da hilft nur, dem Filialleiter der Bank ein zweites Mal ins Gewissen zu reden, um die Tilgungsaussetzung doch noch zu bekommen (siehe **Musterbrief 218** auf der Diskette).

In aller Regel läuft ein Hypothekendarlehen knapp 30 Jahre. Für diese lange Zeit läßt sich aber keine Bank auf eine durchgängige Zinsbindung ein. Üblich sind 5 oder 10 Jahre zu festen Zinsen; danach werden die Konditionen neu festgelegt. Bei der sogenannten **Anschlußfinanzierung** sollten Sie rechtzeitig nachfragen, denn die meisten Banken legen erst wenige Wochen vor dem Termin das neue Angebot auf den Tisch, und die Kündigungsfrist ist zumeist auch sehr kurz (wenigstens 4 Wochen zum Ende der Zinsbindung hält der Bundesgerichtshof für angemessen). Dann ist es meist zu spät, die Bank mit gutem Gewissen zu wechseln, zumal dann wieder Notarkosten und Grundbuchgebühren anfallen (für die Änderung der Grundschuld) und die neue Bank wieder Schätzkosten berechnet (für die Ermittlung des Beleihungswertes). Die neue Bank muß nach Beobachtung der Stiftung Warentest wenigstens 0,2 Prozent billiger sein, um diese Zusatzkosten abzufangen. Kriegen Sie die Anschlußfinanzierung bei einer anderen Bank noch günstiger, lohnt der Wechsel. Fragen Sie am besten zwei Monate vor Ablauf der Zinsbindung bei Ihrer bisherigen Bank nach der Anschlußfinanzierung (siehe **Musterbrief 219** auf der Diskette). Sind Sie mit dem Ergebnis nicht zufrieden, holen Sie andere Angebote ein (vergleiche **Musterbrief 220** auf der Diskette). Ist da etwas Besseres dabei, **kündigen** Sie den alten Vertrag fristgemäß (siehe **Musterbrief 221** auf der Diskette).

Vorsicht: Wer kündigt, sollte schon die Darlehenszusage der neuen Bank in der Tasche haben, da die Restschuld am Tag nach Auslaufen des alten Vertrages auf einen Schlag fällig wird. Ist nichts Besseres bei den neuen Angeboten dabei, setzen Sie die Hausbank mit fiktiven günstigeren Konkurrenzangeboten unter Druck. Meist springt dabei für Sie ein günstigeres Angebot heraus als ursprünglich zugesagt.

Mitunter wollen Kunden jedoch keinen festen, sondern lieber variablen Zins. Besonders dann, wenn der Darlehensvertrag in Zeiten hoher

Zinsen zustande kommt. Die Hoffnung auf sinkende Belastung ist jedoch oft trügerisch. Denn die Banken geben im Kreditbereich Zinssenkungen der Bundesbank längst nicht so schnell weiter wie Zinserhöhungen. Aufmerksame Kunden mit variablem Hypothekendarlehen sollten auf **Zinsanpassung** pochen, wenn die Bank ein Prozent oder mehr über dem Durchschnittszinssatz für variable Hypothekendarlehen verlangt (siehe **Musterbrief 222** auf der Diskette). Klappt das nicht, schalten Sie einen Anwalt ein oder suchen sich eine andere Bank, um dann den alten Vertrag zu kündigen (vergleiche Musterbrief 221). Kündigen können Sie jederzeit mit einer Frist von drei Monaten.

Egal, ob feste oder variable Zinsen: Hatten Sie ein Disagio vereinbart und zahlen das gesamte Darlehen schneller zurück als vereinbart, so haben Sie Anspruch darauf, den unverbrauchten **Disagio-Anteil zurückerstattet** zu bekommen. Wird zum Beispiel ein Kredit mit 5 Jahren Zinsbindung schon nach 4 Jahren zurückgezahlt, muß die Bank Ihnen ein Fünftel des Disagios erstatten (siehe **Musterbrief 223** auf der Diskette). Der Anspruch verjährt nach neuester Rechtsprechung erst nach 30 Jahren.

Sonderfall: Kündigende Kunden und Kreditkartentricks

Meist wird dem Kunden nicht der Sinn danach stehen, einen Kredit vor der Zeit zu kündigen, weil dann sofort die gesamte Restschuld sowie womöglich eine Vorfälligkeitsentschädigung (bei Hypothkendarlehen) fällig wird. Bei kleineren Konsumentenkrediten ist aber, durch Urlaubs- oder Weihnachtsgeld vielleicht, der Betrag schnell beisammen. Dann kann man natürlich kündigen (siehe **Musterbrief 224** auf der Diskette), und zwar frühestens nach sechs Monaten. Die Kündigungsfrist beträgt bei Konsumentenkrediten 3 Monate, egal, ob fester oder variabler Zins vereinbart war.

Wegen des großen Kreditärgers meist unbeachtet bleibt der Ärger mit **Kreditkarten**, weil hier die Beträge geringer sind. Dennoch sind Fehler bei der Monatsabrechnung an der Tagesordnung, insbesondere doppelte Abbuchungen. Bei Unregelmäßigkeiten gilt: fristgemäß reklamieren (bei Visa 28 Tage).

Abgebuchten Beträgen, die Sie nicht unterschrieben haben, sollten Sie schriftlich widersprechen und binnen zwei Wochen eine Korrektur fordern (siehe **Musterbrief 225** auf der Diskette). Bleibt die Korrektur aus, widersprechen Sie der Lastschrift und zahlen nur den unstrittigen

Betrag. Wird die beanstandete Summe im folgenden Monat erneut abgebucht, nochmals widersprechen und Ersatz für Reklamationskosten fordern. Bleibt beides unerfüllt, Einzugsermächtigung widerrufen und einen Anwalt einschalten.

Stimmt die Abrechnung zwar auf den ersten Blick, kann sie auf den zweiten falsch sein. Beispiel Eurocard: Die Gesellschaft für Zahlungssysteme (GZS; Adresse am Ende des Buches) verlangt von Eurocard-Kunden **Devisen-Umrechnungsgebühren** von pauschal ein Prozent, die laut Amtsgericht Frankfurt/ Main zumindest bei Eurocard unwirksam sind, weil mit dem Jahresbeitrag schon alle Leistungen abgegolten sind und das Kleingedruckte auf keine weiteren Kosten hinweist (Aktenzeichen 32 C 780/93 – 19). Betroffene können also widersprechen und Rückzahlung verlangen (siehe **Musterbrief 226** auf der Diskette).

19. Kapitel

Versicherungen

Wer einen Versicherungsvertrag abschließen will, sollte sich vorher über Leistungen und Preise unabhängig informieren (Verbraucherzentrale, Stiftung Warentest, Wirtschaftsmagazine) und dann bei günstigen Anbietern **Angebote einholen** (siehe **Musterbrief 227** auf der Diskette). Von Lebensversicherungen abgesehen sollten Ein-Jahres-Verträge bevorzugt werden. Haben Sie den optimalen Versicherer gefunden, müssen Sie zunächst einen schriftlichen Antrag stellen. Der muß wahrheitsgemäß und vollständig ausgefüllt werden, insbesondere die Gesundheitsfragen bei Lebensversicherungen. Bis 14 Tage, nachdem Sie den Versicherungsantrag unterschrieben haben, können Sie ihn ohne Begründung widerrufen (siehe **Musterbrief 228** auf der Diskette). So kommt ein Versicherungsvertrag erst gar nicht zustande. Das gilt in allen Sparten und bei allen Verträgen über mehr als ein Jahr Laufzeit.

Wird der Antrag nicht widerrufen, gibts bald den Versicherungsschein. Damit ist der Vertrag besiegelt. Üblich sind Jahresverträge, die im voraus bezahlt werden müssen. Wenn nicht anders vereinbart, so ist das Geld auf einen Schlag fällig und wird meist bis Mitte Januar vom Girokonto abgebucht. Wer soviel auf einmal nicht bezahlen kann oder will, kann Ratenzahlung und damit eine **veränderte Zahlweise** verlangen (siehe **Musterbrief 229** auf der Diskette). Den höheren Aufwand bei der Versicherungsgesellschaft muß er mit einem Aufpreis bezahlen: 5 Prozent bei monatlicher Zahlweise, 3 Prozent bei vierteljährlicher Zahlweise, 2 Prozent bei halbjährlicher Zahlweise.

Schaden: Meldung, Regulierung, Nachbohren

Im Schadensfall sollten Sie darauf bedacht sein, nichts falsch zu machen. Denn die Vielzahl an Schäden macht die Versicherer mißtrauisch. Wer sich nicht an die Regeln hält, setzt seine Entschädigung womöglich aufs Spiel. Gerade bei Personenschäden darf man sich überhaupt keinen Formfehler leisten und muß jeden **Schaden** sofort schriftlich, vollständig und ehrlich an die Versicherungsgesellschaft melden (siehe **Musterbrief 230** auf der Diskette). Natürlich müssen Sie alles tun, um den Schaden so gering wie möglich zu halten (§ 254 BGB), bei den Ermittlungen kooperativ sein (Auskunfts- und Belegpflicht), dürfen keine Ansprüche des Geschädigten ohne Zustimmung Ihrer Versicherungsgesellschaft anerkennen und müssen Diebstahl, Raub, Brand, Blitzschlag und Explosion zusätzlich bei der Polizei anzeigen.

In der Lebensversicherung gilt: einen Todesfall innerhalb von 48 Stunden melden; für die Auszahlung immer Versicherungsschein, Sterbeurkunde und ärztliches Zeugnis über die Todesursache einreichen. Ein Unfall ist sofort schriftlich zu melden (bei Unfalltod innerhalb von 48 Stunden, am besten telegrafisch), spätestens am vierten Tag nach dem Unfall ist ein Arzt hinzuzuziehen und die ordnungsgemäße Schadensmeldung innerhalb einer Woche an die Versicherungsgesellschaft zurückzuschicken. In der Privathaftpflicht-Versicherung genügt eine schriftliche Schadenanzeige innerhalb einer Woche.

Innerhalb angemessener Zeit muß die Versicherungsgesellschaft auf Ihre Schadensmeldung reagieren. Gibt es keine Unstimmigkeiten und sind die Ermittlungen abgeschlossen, erfolgt die **Schadensregulierung** innerhalb von 14 Tagen. Sind die Ermittlungen dagegen einen Monat nach der Schadensmeldung noch nicht abgeschlossen, hat der Kunde Anspruch auf einen angemessenen Vorschuß, den er freilich verlangen muß (siehe **Musterbrief 231** auf der Diskette). Bei offensichtlicher

Untätigkeit des Versicherers sollten Sie nicht nur Vorschuß fordern, sondern rückwirkend zum Tag der Schadensmeldung auch die Verzinsung der gesamten Entschädigungssumme verlangen.

Fragen Sie zwischendurch beim Versicherer nach, zeigen Sie sich während der Ermittlungen hilfsbereit. Will der Versicherer partout nicht zahlen, muß er die volle oder teilweise Ablehnung schriftlich mitteilen. Hat der Kunde die Entscheidung in Händen, bleiben ihm sechs Monate Zeit, die Versicherungsleistung notfalls vor Gericht einzuklagen. Zunächst sollten Sie einer vermeintlich **ungenügenden Regulierung widersprechen** (siehe **Musterbrief 232** auf der Diskette). Günstig ist dabei ein dezenter Hinweis auf Einschaltung des Bundesaufsichtsamtes für das Versicherungswesen (BAV). Die Behörde leitet nämlich Anfragen direkt an den Vorstand des Versicherungsunternehmens zur Stellungnahme weiter.

Hilft der Widerspruch nicht, setzen Sie die **Beschwerde ans BAV** (Adresse am Ende des Buches) auf (siehe **Musterbrief 233** auf der Diskette). Dann muß sich Ihr Schadenssachbearbeiter zumindest gegenüber seinem Vorstand dazu äußern, was den meisten ziemlich unangenehm ist. Der Vorstand entscheidet letztlich und nimmt gegenüber dem BAV Stellung. Das Aufsichtsamt kann also keine Entscheidung im konkreten Einzelfall treffen, sondern nur zur Lösung auffordern. Erfahrungsgemäß hilft das den betroffenen Kunden bei etwa 40 Prozent der Beschwerden. Für alle anderen hilft als letzter Ausweg nur die Klage.

Die dicksten Brocken bei der Regulierung von **Schäden, die andere verursacht haben**, kann jeder Versicherte selbst aus dem Weg räumen: Bei unverschuldetem Autounfall sollten Sie immer einen Rechtsanwalt einschalten (muß die Versicherung des Verursachers bezahlen). Damit vermeiden Sie Fehler, und der Schaden wird schneller reguliert. Dies gilt besonders bei Personenschäden. Verbraucherschützer beobachten nämlich vermehrt, daß medizinische Gutachten der Versicherer deutlich von anerkannten Urteilen der Spezialkliniken abweichen. Folge: Bleibende Körperschäden und Schmerzensgeld werden niedriger bewertet und entschädigt. Hier sollte frühzeitig ein Anwalt zu Rate gezogen werden. Wer sich auf Abfindungen seines Versicherers einläßt – häufig nicht einmal genau begründet – hat hinterher schlechte Karten, noch angemessen entschädigt zu werden.

Neue Umstände: Anpassung, Kündigung, Umstellung

Wer seine Versicherung beenden will, muß den Vertrag **kündigen**. Das ist zum Ablauf des Vertrages möglich (ordentlich) oder unter Umständen auch vorher (außerordentlich). Doch auch die Assekuranz hat das Recht, aus der Police auszusteigen. Kündigen kann man nur schriftlich, innerhalb bestimmter Fristen und mit eigenhändiger Unterschrift (siehe S. 136, **Musterbrief 234**).

Die Fristen für eine ordentliche Kündigung können jedoch sehr unterschiedlich sein. Für alle Vertragsabschlüsse ab 1993 gilt bundeseinheitlich: drei Monate zum Ende des Versicherungsjahres (Kfz-Versicherungen: ein Monat). Die Kündigung von Verträgen mit Laufzeiten von 5 oder 10 Jahren ist frühestens nach 3 Jahren möglich. Danach jährlich, aber nur, falls der Versicherer bei Vertragsabschluß nicht mehrere Laufzeit-Varianten angeboten hat und dafür entsprechenden Beitragsrabatt gewährt. Jede Versicherung ist sofort kündbar, wenn der Beitrag steigt, nicht aber die Leistung.

Kommt es zu **Schadensfall oder Beitragserhöhung**, haben Kunde und Versicherungsgesellschaft die Möglichkeit, außerordentlich zu kündigen (siehe **Musterbrief 235** auf der Diskette). Frist: Spätestens einen Monat, nachdem die Gesellschaft den Schaden bezahlt oder den höheren Beitrag angekündigt hat. Geht die Trennung von der Versicherungsgesellschaft aus, wird sie einen Monat, nachdem der Kunde die Kündigung in Händen hat, wirksam. Geht die Trennung vom Kunden aus, wird sie entweder sofort oder spätestens zum Ende des Versicherungsjahres wirksam.

Achtung: Trotz Kündigung mit sofortiger Wirkung hat die Gesellschaft häufig Anspruch auf den vollen Jahresbeitrag; deshalb sollte der Versicherte auch erst zum Ende des Versicherungsjahres kündigen (bzw. zu dem Zeitpunkt, wo der höhere Beitrag fällig wird). Außerordentliches Kündigungsrecht besteht auch bei Tod, nach Umzug (Hausrat) und Verkauf (Auto; Gebäude).

Viele Kapital-Lebensversicherungs-Policen enthalten Zusatzversicherungen, etwa Rente bei Berufsunfähigkeit oder Anspruch auf die doppelte Versicherungssumme bei Unfalltod. So nützlich der Berufsunfähigkeitszusatz in den meisten Fällen ist, so überflüssig ist der doppelte Todesfallschutz bei Unfällen. Damit schmälert man nur unnütz die Rendite der Hauptversicherung zum Ende der Laufzeit. Die Stiftung Warentest hat 1994 die Ablaufleistungen untersucht und herausgefunden, daß jede Zusatzversicherung den Endertrag im Schnitt

Meinhard Memme
Unfallstraße 227
29345 Schadewohl

Versicherungsgesellschaft …
Glaspalast 1
29345 Schadewohl

Schadewohl,

………..-Versicherung …../Versicherungsnummer …. /
Kündigung

Sehr geehrte Damen und Herren,

hiermit kündige ich oben genannten Versicherungsvertrag fristgemäß zum Ende des Versicherungsjahres, also zum ………..

Schicken Sie mir bitte eine Schlußabrechnung. Etwaige Rückerstattungsansprüche überweisen Sie bitte bis spätestens ……… auf mein bekanntes Konto.

Mit freundlichen Grüßen

Meinhard Memme

Musterbrief 234: Ordentliche Kündigung Versicherung

um 1,07 Prozent drückt. Wer den **Unfall-Zusatz kündigt**, hat im Alter mehr Geld oder spart am laufenden Beitrag (siehe Musterbrief 236 auf der Diskette).

Kenner bescheinigen auch der Hauptversicherung, der **Kapital-Lebensversicherung**, nur eine mittelmäßige Rendite fürs Alter von häufig knapp 6 Prozent pro Jahr, die meist durch monatliche Zahlweise noch um 0,25 Prozent gedrückt wird. Da Sie zwischenzeitlich nicht ans Geld können, ohne Verluste zu erleiden, empfiehlt sich bei Zahlungsschwierigkeiten oder individuell günstigerer Vorsorge nicht die Kündigung der Police, sondern die sogenannte **Beitragsfreistellung** (siehe Musterbrief 237 auf der Diskette). Dann entfällt die Gebühr für Stornierung der Police und der Strafabzug der gesamten Provision von Ihrem Sparanteil.

Veränderte Lebensumstände können nicht nur zur Vertragsbeendigung führen, sondern auch zur Vertragsanpassung an neue Umstände. So sollte geänderte Ausstattung von Haus oder Wohnung zu geändertem Versicherungsschutz bei Gebäude- und Hausrat- (bzw. Haushalt-)Policen führen (siehe Musterbrief 238 auf der Diskette). Die Anpassung verhindert, daß Sie im Schadensfall unterversichert sind und nur einen Teil des tatsächlichen Wiederbeschaffungswertes ersetzt bekommen.

Haben Sie Ihr **Auto verkauft**, so genügt eine kurze Mitteilung an den Versicherer (siehe Musterbrief 239 auf der Diskette), wer ab wann der neue Besitzer ist (mit neuer Zulassung) und ob der die Versicherung fortsetzen will. Wer hier nicht aufpaßt, wird vielleicht für Schäden nach dem Verkauf noch zur Kasse gebeten (wenn Ihre Versicherung für Schäden des Käufers zahlt und Sie im Schadenfreiheitsrabatt zurückstuft). Beim **Umzug** muß Ihr Privathaftpflicht-, Hausrat- und gegebenenfalls Gebäudeversicherer informiert werden (siehe Musterbrief 240 auf der Diskette). Denn Versicherungsschutz für Hausrat und Haftpflicht besteht in aller Regel höchstens zwei Monate für beide Wohnungen (nach neuen Hausratbedingungen von 1992 bis drei Monate). Die Gebäudeversicherung gilt nur für das versicherte Grundstück. Wechselt der Eigentümer beim Umzug, muß gekündigt bzw. der Vertrag an den Käufer »weitergegeben« werden; bleiben Sie Eigentümer, brauchen Sie nur Ihre neue Adresse mitzuteilen.

Teil F: Sonstiges

20. KAPITEL

Was sonst noch wichtig ist

Zu guter Letzt soll es hier um unerwünschte Werbung per Post, Telefon und Fax gehen, um Ärger rund ums Zeitungsabonnement und um die Chance, sich durch Gründung einer Bürgerinitiative besser wehren zu können.

Werbung: So vermeiden Sie Reklame und ungebetene Gäste

Wenn es klingelt und ein Vertreter Sie an der Tür zum Kauf animieren will, so fehlt vielen die Courage, ihn freundlich und bestimmt abzuweisen. Wollen Sie es gar nicht erst zum Gespräch kommen lassen, sollten Sie sich bei der Verbraucher-Zentrale oder der Arbeitsgemeinschaft der Verbraucherverbände (Adresse am Ende des Buches) den Aufkleber »Für Vertreter verboten!« kaufen (kostet eine Mark) und an die Wohnungstür kleben. Klingelt es dann trotzdem, fragen Sie als erstes nach Namen und Firma des Vertreters, machen die Tür wieder zu und informieren die Verbraucher-Zentrale (siehe **Musterbrief 241** auf der Diskette). Die wird den Vertreter dann wegen unlauteren Wettbewerbs **abmahnen** lassen.

Übrigens: Verbraucherzentralen sind zur außergerichtlichen Rechtsberatung und Rechtsbesorgung befugt. Gegen ein geringes Entgelt von meist fünf Mark bieten Juristen konkrete Hilfe an. In hartnäckigen Fällen versucht die Verbraucherzentrale eine außergerichtliche Klärung zu erreichen, zum Beispiel mit Abmahnungen und Warnungen vor Betrügern.

Falls es Sie wurmt, daß der Briefkasten nahezu täglich von unerwünschter Reklame überquillt, dann sollten Sie sich bei der Verbraucher-Zentrale oder der Arbeitsgemeinschaft der Verbraucherverbände (Adresse am Ende des Buches) den Aufkleber »Keine Werbung einwerfen!« kaufen (kostet eine Mark) und an den Briefkasten kleben. Halten sich Firmen nicht daran, so können Sie wiederum eine Abmahnung auslösen (vergleiche sinngemäß Musterbrief 241). Da Werbematerial, das in adressiertem Briefumschlag verschickt wird, von der Post zugestellt werden muß, können Sie höchstens selber an die betreffende Firma schreiben und **Unterlassung weiterer Werbeschriften** fordern (siehe **Musterbrief 242** auf der Diskette). Den gleichen Effekt erreicht man, zumindest für Werbe-Briefsendungen, billiger und schneller, indem die **Aufnahme in die Robinson-Liste** beantragt wird (siehe S. 140, **Musterbrief 243**):

Die Robinsonliste ist ein Adreßbuch der Werbeverweigerer, in das sich jeder kostenlos eintragen lassen kann. Die Liste wird beim Deutschen Direktmarketing Verband (DDV) geführt (DDV Robinson-Liste; Adresse am Ende des Buches). Viele Unternehmen haben sich verpflichtet, diese Liste zu respektieren.

Je mehr moderne Technik in den Alltag einzieht, desto stärker kommt Werbung auch über Telefon, Telefax, Telex und Bildschirmtext. Hier sind gesetzlich enge Grenzen gezogen. Für Privatanschlüsse gilt: Unerbetener Kontakt ist verboten. Selbst bei Gewerbetreibenden ist Telefonwerbung unzulässig. Da Reklamefaxe zum Beispiel billiger als Briefpost sind, verstoßen immer mehr Werber gegen das Verbot. Sie sparen damit Porto, verbrauchen das Faxpapier des Empfängers und blockieren dessen Gerät. Wer sich gegen **unerwünschte Werbefaxe** wehren will, kann den Absender von der Zentrale zur Bekämpfung unlauteren Wettbwerbs (Adresse am Ende des Buches) abmahnen lassen (siehe **Musterbrief 244** auf der Diskette).

Abonnement: So werden Sie lästige Verträge los

Wer etwas abonniert, verläßt sich auf pünktliche und ordnungsgemäße Zustellung, egal ob Zeitung, Buch oder sonstige regelmäßige Sendungen ins Haus kommen. Wird aber die Zeitung laufend beim Nachbarn abgegeben oder kommt unregelmäßig, sollten Sie sich beim Abonnenten-Service beschweren (siehe **Musterbrief 245** auf der Diskette). Bringt das keine Abhilfe, können Sie das **Abonnement kündigen** (siehe **Musterbrief 246** auf der Diskette). Bei außerordentlichen Gründen wie unpünktlicher Lieferung bei Tageszeitungen kann als Kündigungsfrist durchaus eine Woche gewählt werden.

Gab es keinen Ärger, haben Sie aber trotzdem kein Interesse an der Fortsetzung, so können Sie das **Abo fristgemäß kündigen** (siehe **Musterbrief 247** auf der Diskette). Das gilt für Zeitungen, Zeit-

Carmen Kracher
Wehrsteg 241
29346 Werbig

DDV-Robinsonliste
Postfach 14 01
71243 Ditzingen

Werbig,

Antrag auf Aufnahme in Robinson-Liste

Sehr geehrte Damen und Herren,

ab sofort möchte ich keine brieflichen Reklamesendungen mehr erhalten. Bitte nehmen Sie mich unverzüglich in Ihre sogenannte „Robinson-Liste" auf.

Unterrichten Sie in diesem Zusammenhang bitte alle Ihrem Verband angeschlossenen Mitglieder und Unternehmen. Besonders massiv haben meine Unterlassungswünsche bislang ignoriert:

……………………………………..

Im Wiederholungsfall behalte ich mir vor, Verbraucherschutzverbände und gegebenenfalls die Öffentlichkeit einzuschalten.

Mit freundlichen Grüßen

Carmen Kracher

Musterbrief 243: Aufnahme in die Robinson-Liste

schriften und die Mitgliedschaft in Buchklubs. Vielfach wird der Vertrag für ein Jahr geschlossen und verlängert sich stillschweigend, wenn nicht innerhalb der vorgesehenen Frist gekündigt wird (üblich sind drei Monate). Steht keine Frist im Vertrag, gelten die gesetzlichen Kündigungsfristen: bei monatlicher Zahlweise zwei Wochen, bei viertel- oder halbjähriger Zahlweise sechs Wochen zum Quartal.

Falls Sie das Abo behalten, aber für den Urlaub unterbrechen wollen, rufen Sie am besten den Abonnenten-Service an. Bei Tageszeitungen klappt das auf Antrag problemlos, wenn die Lieferunterbrechung mindestens 7 Tage dauern soll (siehe Musterbrief 248 auf der Diskette).

Vereint stärker: So gründen Sie eine Bürgerinitiative

Wenn Sie als einzelner nicht weiterkommen, aber mehrere Leute betroffen sind, bietet sich eine **Bürgerinitiative** zur gemeinsamen Interessendurchsetzung an. Der Zusammenschluß kann zunächst locker sein und sich auf eine Einladung beschränken, um Gleichgesinnte zu finden (siehe **Musterbrief 249** auf der Diskette). Mit einer Unterschriftensammlung können womöglich Abgeordnete für die Sache gewonnen werden, oder die Einschaltung der Medien bewirkt Veränderung.

Mitunter dauert Veränderung aber länger oder klappt überhaupt nur durch Eigeninitiative, etwa bei fehlenden Plätzen in Kindertagesstätten. Wenn sich Betroffene zu einer **Eltern-Initiative** zusammenschließen, hat das nur Aussicht auf Erfolg, wenn ein eingetragener **Verein gegründet** wird (wegen öffentlicher Fördermittel). Vorher sollten sich Interessenten aber mit einem Spitzenverband der freien Wohlfahrtspflege oder dem zuständigen Amt beraten, wie realistisch und förderungswürdig das Projekt überhaupt ist. Stehen die Chancen gut, sollte die Vereinsgründung favorisiert werden, wenn die Arbeit es erfordert, einen festen Raum anzumieten, wenn man nach außen als juristische Person auftreten muß und das Haftungsrisiko für alle Mitglieder (mindestens sieben) gering gehalten werden soll (siehe **Musterbrief 250** auf der Diskette). Eine Mustersatzung für den Verein einer Elterninitiative gibt es kostenlos zum Beispiel beim Bundesfamilienministerium innerhalb der Broschüre »Eltern werden aktiv«.

Anhang I

Wichtige Adressen

- Amtsgericht Berlin-Schöneberg,
  Grunewaldstraße 66, 10823 Berlin, Tel.: 030/ 7 80 02 – 1
- Arbeitsgemeinschaft der Verbraucherverbände (AgV),
  Heilsbachstr. 20, 53123 Bonn, Tel.: 0228/ 64 89 – 0
- Arbeitsgemeinschaft Möbeltransport,
  Schulstr. 53, 65987 Hattersheim/ Main, Tel.: 06190/ 8 00 – 0
- Bundesamt für den Zivildienst,
  50964 Köln, Tel.: 0221/ 36 73 – 0
- Bundesaufsichtsamt für das Versicherungswesen (BAV),
  Ludwigkirchplatz 3 – 4, 10719 Berlin, Tel.: 030/ 88 93 – 0
- Bundesfinanzhof (BFH),
  Ismaninger Str. 109, 81675 München, Tel.: 089/ 92 31 – 0
- Bundesverband der Lohnsteuerhilfevereine,
  Limpericher Str. 6, 53225 Bonn, Tel.: 0228/ 47 27 98
- Bundesverband des Deutschen Möbelhandels – Schlichtungsstelle,
  Frangenheimstraße 6, 50931 Köln, Tel.: 0221/ 40 31 42
- Bundesversicherungsamt,
  Reichpietschufer 74 – 76, 10785 Berlin, Tel.: 030/ 2 69 99 – 0
- DDV-Robinsonliste,
  Postfach 14 01, 71243 Ditzingen, Tel.: 07156/ 95 10 10
- Deutscher Gewerkschaftsbund,
  Hans-Böckler-Str. 39, 40476 Düsseldorf, Tel.: 0211/ 43 01 – 0
- Deutscher Industrie- und Handelstag,
  Adenauerallee 148, 53113 Bonn, Tel.: 0228/ 1 04 – 0
- Deutscher Handwerkskammertag,
  Johanniterstr. 1, 53113 Bonn, Tel.: 0228/ 5 45 – 0
- Deutscher Mieterbund (DMB),
  Aachener Str. 313, 50931 Köln, Tel.: 0221/ 4 00 83 – 0

- Deutscher Steuerberaterverband,
  Bertha-v.-Suttner-Platz 6, 53111 Bonn, Tel.: 0228/ 98 59 40
- Gesellschaft für Zahlungssysteme (GZS) – Eurocard,
  Theodor-Heuss-Allee 80, 60486 Frankfurt/Main, Tel.: 069/ 79 33 – 0
- Informationsdienst für Bundeswertpapiere,
  Gartenstr. 15, 40479 Düsseldorf, Tel.: 0211/ 49 73 – 0
  (aktuelle Konditionen unter 069/ 1 97 18)
- Interessengemeinschaft Telekom-Geschädigter,
  Erftstr. 52, 45219 Essen-Kettwig, Tel.: 02054/ 1 68 30
- Verbraucherschutzverein (VSV),
  Lützowstr. 33 – 36, 10785 Berlin, Tel.: 030/ 25 49 07 – 0
- Zentrale zur Bekämpfung unlauteren Wettbewerbs,
  Postfach 25 25, 61295 Bad Homburg, Tel.: 06172/ 1 21 50

Alle Musterbriefe

Zu guter Letzt: Alle 250 Musterbriefe, auf die im Buchtext thematisch Bezug genommen wurde, sind komplett auf beiliegender Diskette zu finden – geordnet in chronologischer Reihenfolge.

Dazu gibt es noch weitere 50 Musterbriefe, auf die sich im Text kein Verweis findet, die jedoch thematisch und von der Numerierung her dem jeweiligen Themenbereich durch den Zusatz a, b, c ... zugeordnet sind.

Eine Liste aller Musterbriefe, numerisch geordnet, finden Sie auf den folgenden Seiten dieses Buches (= Anhang II).

Anhang II

Inhalt der auf Diskette befindlichen Musterbriefe

Briefnummer	Muster für
1	Briefform
Behörden	
2	Dienstaufsichtsbeschwerde
3	Widerspruch gegen Gebührenbescheid
4	Stundung der Gebührenzahlung
5	Einspruch gegen Verwarnungsgeld
6	Widerspruch gegen Bußgeld
7	Antrag auf Wiedereinsetzung (wegen unverschuldeter Fristüberschreitung)
8	Haftung für Abschleppschaden
9	Beschwerde wegen Lärmbelästigung
10	Beanstanden von Preisangaben
11	Hinweis auf Rattenplage, Seuchengefahr
12	Beanstanden hygienischer Bedingungen
13	Antrag auf Änderung des Straßenschildes
14	Reklamieren der Straßeninstandsetzung
15	Baumfällgenehmigung
16	Antrag auf Wohnberechtigungsschein
17	Antrag auf Wohngeld
18	Ausbleibender Wohngeldbescheid
19	Widerspruch Wohngeldbescheid
20	Antrag auf Sozialhilfe
21	Widerspruch Sozialhilfebescheid
22	Antrag auf Übernahme der Miete
23	Antrag auf besonderen Sozialhilfe-Bedarf
24	Befreiung von Rundfunkgebühren
25	Antrag auf BAföG
26	Antrag auf Kriegsopferversorgung
27	Antrag auf Sold-Zulage
28	Widerspruch Musterungsbescheid
29	Zurückstellung vom Wehrdienst

Briefnummer	Muster für
30	Zivildienst
31	Bauvoranfrage
32	Befreien von Bebauungsplan-Festlegung
33	Bauantrag
34	Widerspruch zu abgelehntem Bauantrag
35	Tektur
36	Bauliche Veränderung
37	Anzeige wegen Störung der öffentlichen Ordnung
38	Strafanzeige Autodiebstahl
39	Strafanzeige Körperverletzung
40	Anzeige Ordnungswidrigkeit
41	Hinweis auf Gefahr
42	Sondergenehmigung zum Parken
43	Beschwerde über Polizeibeamten
44	Scheidungsantrag
45	Antrag auf Vollstreckung Unterhalt
46	Vollstreckungsabwehr
47	Abzweigungsantrag
48	Antrag auf Unterhaltsvorschuß
49	Widerspruch Mahnbescheid
50	Klage gegen Widerspruch Mahnbescheid
51	Klageantrag auf Schuldenrückzahlung
52	Beleidigungsklage
53	Bitte um Verschiebung Zeugenaussage
54	Vollmacht als Vertreter
55	Kirchenaustritt
56	Anfechtung eines Testaments
57	Antrag auf Erbschein
58	Erbschaft ausschlagen
59	Klage gegen Behörde nach erfolglosem Widerspruch
60	Kindergeld
61	Kindergeldzuschlag
62	Berufsausbildungsbeihilfe
63	Arbeitslosengeld
64	Arbeitslosenhilfe
65	Berufliche Fortbildung
66	Umschulung

Briefnummer	Muster für
67	Arbeitskleidung
68	Fahrtkostenerstattung
69	Kosten für Kinderbetreuung
70	Kosten für Unterkunft und Verpflegung
71	Kranken- und Unfallversicherungsbeiträge
72	Lehrgangsgebühren
73	Lernmittel
74	Zinsloses Darlehen
75	Antrag auf ABM
76	Einarbeitungszuschuß
77	Zuschuß für Arbeitsausrüstung
78	Trennungsbeihilfe + Fahrtkostenbeihilfe
79	Überbrückungsbeihilfe
80	Umzugskosten
81	Antrag auf Fristenverlängerung Steuer
81a	Antrag auf Erlaß Verspätungszuschlag
82	Schlichte Änderung Steuerbescheid
83	Einspruch gegen Steuerbescheid (Frist)
84	Einspruch gegen Steuerbescheid (Grund)
84a	Einspruch gegen Steuerbescheid (Form)
85	Steuer-Vollziehung aussetzen
86	Klage gegen abgelehnten Einspruch
86a	Antrag auf Ruhen des Verfahrens
87	Anpassung von Steuer-Vorauszahlungen
88	Stundung von Steuerzahlungen
89	Widereinsetzung in vorigen Stand
89a	Antrag auf Aufrechnung
89b	Rechtswidriger Steuerbescheid (Adresse)
89c	Untätigkeitsbeschwerde Finanzamt
90	Antrag auf Krankengeld
91	Kinderpflege-Krankengeld
92	Kur-Antrag
93	Befreiung von Zuzahlungen für Medizin
94	Sterbegeld von der Krankenkasse
95	Beurlaubung vom Unterricht
96	Fehlen an höchstens einem Unterrichtstag
97	Entschuldigung wegen Krankheit

Briefnummer	Muster für
98	Befreiung von einem Unterrichtsfach
99	Beschwerde über Lehrer
100	Umstellung der Heizung
101	Beschwerde über nicht abgeholten Müll
102	Offensichtlich falsche Abrechnung
103	Nicht offensichtlich falsche Abrechnung
104	Überhöhte Telefonrechnung
105	Telefonanschluß
106	Telefonstörung
107	Zeitweilige Sperrung des Telefons
108	Telefonabmeldung
109	Suchauftrag für Postsendung
110	Verlustanzeige
111	Auftrag zur Post-Nachsendung
112	Rentenauskunft
113	Fehlender Beitragsnachweis
114	Zeugenerklärung
115	Rentenantrag
116	Widerspruch Rentenbescheid
117	Rente im Sterbevierteljahr
118	Wiederaufleben der Hinterbliebenenrente
118 a	Tod des Rentners/ Anfrage Sterbegeld
Arbeitgeber	
119	Bewerbung
120	Ergänzung Arbeitsvertrags-Entwurf
121	Verspätete Urlaubsrückkehr
122	Bildungsurlaub
123	Überweisung vermögenswirksamer Leistungen
124	Einspruch bei Kündigung der Arbeit
125	Kündigungsschutzklage
126	Widerspruch unwirksamer Kündigung
127	Antwort auf Änderungskündigung
Freizeit	
128	Gewährleistung
129	Reklamation zugesicherter Eigenschaft

Briefnummer	Muster für
130	Annahmeverweigerung bei offensichtlichem Mangel
131	Nachfrist für eine Lieferung
131 a	Rückgängigmachen Kauf
132	Schadensersatz wegen Nichterfüllung
133	Schadensersatz geplatzter Liefertermin
134	Nachbesserungsfrist mit Schadensersatzandrohung
134 a	Schadensersatz unterbliebenes Nachbessern
134 b	Schadensersatz Verdienstausfall
135	Garantie
136	Kulanz
137	Abholung Versandartikel
138	Umtausch Versandartikel
139	Maximale Lieferfrist setzen
140	Eigenes Kleingedrucktes Teleshopping
141	Rückgängigmachen Bestellung Kind
142	Widerspruch Zahlung unbestellter Ware
143	Widerruf Haustürgeschäft
144	Widerruf wegen fehlender Belehrung
145	Abmahnung lästiger Haustürverkäufer
146	Widerruf Abzahlungskauf
147	Widerruf Abzahlungskauf (Formfehler)
148	Zahlungsaufschub Kreditkauf
149	Mängelanzeige Leasing
150	Rücktritt vom Leasingvertrag
151	Kostenvoranschlag
152	Auftragsvergabe
153	Ablehnung eines Angebots
154	Mahnung bei Verzögerung
155	Nachfrist bei Verzögerung
156	Schadensersatz bei Verzögerung
157	Nachfrist bei Werksmängeln
158	Volles Geld zurück bei Werksmängeln
159	Teilweise Geld zurück bei Werksmängeln
160	Mängelbeseitigung durch andere
161	Rechnungsreklamation
162	Zurückweisen wesentlicher Kostenüberschreitung

Briefnummer	Muster für
163	Einschalten Schlichtungsstelle
163a	Nachbesserung chemische Reinigung
163b	Schadensersatz chemische Reinigung
163c	Zimmerbestellung
163d	Zimmerbestätigung
164	Kündigung vor Reisebeginn
165	Mängel vor Beginn Pauschalreise
165a	Mängel vor Reise (Volle Leistung erhalten)
165b	Widerspruch zur Erhöhung Reisepreis
166	Mängelanzeige am Urlaubsort
167	Selbsthilfe
168	Minderung Reisepreis
169	Schadensersatz wegen nutzlos aufgewendeter Urlaubszeit
169a	Reklamation im Reisebüro
169b	Konkurs des Veranstalters während Reise
169c	Haftung Reisebüro bei Konkurs
Vermieter	
170	Antwort auf Wohnungs-Inserat
171	Teilweise Rückforderung Maklerprovision
172	Volle Rückforderung Maklerprovision
173	Reklamation Miethöhe
174	Verzinsungspflicht Kaution
175	Abrechnung Mietkaution bei Auszug
176	Antrag auf Mietermodernisierung
177	Widerspruch Modernisierung Vermieter
178	Ablehnung Modernisierung Vermieter
179	Mietminderung wegen Modernisierung
180	Renovierungskosten nach Modernisierung
181	Widerspruch Erhöhung Vergleichsmiete
182	Widerspruch Erhöhung Staffelmiete
183	Widerspruch Erhöhung Indexmiete
184	Widerspruch Erhöhung Betriebskosten
185	Widerspruch Erhöhung Kapitalkosten
186	Zurückweisung Beschaffenheitszuschläge
187	Wohnungsmangel

Briefnummer	Muster für
188	Mahnung Mängelbeseitigung und Androhung von Mietminderung
189	Selbsthilfe, Mietminderung, Schadensersatz
190	Klageandrohung bei fristloser Kündigung wegen Mietrückstand
191	Zurückweisen zu hoher Betriebskosten-Vorauszahlung
192	Bitte um Haustierhaltung
193	Zustimmung zur Untervermietung einholen
194	Ablehnung Mieterhöhung Untervermietung
195	Antwort auf Abmahnung
196	Beseitigung Kündigungsgrund Mieter
197	Widersprüch Eigenbedarfskündigung
198	Widerspruch Kündigung (Sozialklausel)
199	Widerspruch Kündigung wegen Hinderung angemessener wirtschaftlicher Verwertung
200	Ordentliche Kündigung des Mieters
201	Sonderkündigung des Mieters
202	Sonderkündigung Mieter (mit Nachmieter)
202a	Kündigung der Garage
202b	Mietverlängerungsbegehren
203	Zurückweisen Auszugsrenovierung
204	Reklamation Umzugsschäden

Banken und Versicherungen

205	Einholen Geldanlage-Angebot
205a	Rücknahme der Einzugsermächtigung
205b	Widerspruch konkreter Lastschrift
205c	Absage Geldanlage-Angebot
206	Überweisung Sparrate Bundesschatzbriefe
207	Kündigung Geldanlage
208	Antrag auf vorzeitige Rückzahlung Anlage
208a	Antrag vorzeitige Rückzahlung Sparbrief
208b	Antrag vorzeitige Rückzahlung Festgeld
209	Kündigung VL-Beteiligungssparplan
210	Vorzeitige Kündigung VL-Beteiligung in einer Notlage

Briefnummer	Muster für
211	Anfrage Konsumentenkredit
211 a	Verlangen Aktualisierung Schufa-Eintrag
212	Anfrage öffentlicher Baukredit
213	Anfrage Hypothekendarlehen
213 a	Anfrage Lebensversicherungshypothek
214	Anfrage Hypothekenkredit Kapitalanleger
215	Nachfrage Finanzierungsangebot
216	Absage Finanzierungsangebot
217	Antrag auf Tilgungsaussetzung
218	Zweiter Versuch Tilgungsaussetzung
219	Angebot Anschlußfinanzierung Hausbank
220	Vergleichsangebote Anschlußfinanzierung
221	Kündigung Hypothekendarlehen zum Ende der Zinsbindungsfrist
222	Zinsanpassung bei variablen Darlehen
223	Forderung Disagio-Rückerstattung
224	Kündigung Konsumentenkredit
225	Widerspruch Kreditkarten-Abrechnung
226	Widerspruch Devisenumrechnungsgebühr
227	Versicherungsangebote einholen
227 a	Anfordern Antragsformular
228	Widerruf Versicherungsantrag
228 a	Bitte um Vertragsauflösung (Kulanz)
228 b	Anfechtung des Versicherungsvertrages
229	Veränderte Zahlweise Beitrag
229 a	Beitragsreduzierung Lebensversicherung
229 b	Laufzeitverlängerung Lebensversicherung
229 c	Vertragsumstellung Lebensversicherung
229 d	Beitragsstundung Lebensversicherung
229 e	Überschußverrechnung Lebensversicherung
229 f	Umwandlung Lebens- in Direktversicherung
230	Meldung eines Schadenfalls
230 a	Zeugenaussage
230 b	Polizeibestätigung einer Anzeige
230 c	Anforderung Rechnungskopie im Handel
230 d	Ablauf der Lebensversicherung (zum Ende)
231	Vorschuß bei längerer Schadensprüfung

Briefnummer	Muster für
231 a	vorzeitiges Ende Lebensversicherung (Tod)
232	Widerspruch Schadensregulierung
233	Beschwerde über Versicherer beim BAV
234	Ordentliche Kündigung Versicherung
235	Außerordentliche Kündigung Versicherung
236	Kündigung Zusatzversicherung
237	Beitragsfreistellung Kapital-Lebensversicherung
238	Anpassung Versicherungssumme bei veränderten Sachwerten
238a	Unterversicherungsverzicht Hausrat
238b	Herabsetzung Hausrat-Wert
238c	Mitversicherung weiterer Personen
238d	Doppelversicherung lösen (2 Versicherer)
238e	Doppelversicherung lösen (1 Versicherer)
239	Mitteilung über Autoverkauf
239a	Änderung Teilkasko-Police
239b	Änderung Vollkasko-Police
239c	Abschluß Vollkasko-Police für Urlaub
240	Mitteilung über Umzug

Sonstiges

241	Unlauterer Vertreter an der Haustür
242	Unterlassung Briefkasten-Reklame
243	Aufnahme in Robinson-Liste
244	Abmahnung unerwünschter Werbe-Faxe
245	Unregelmäßige Zeitungszustellung
246	Kündigung Zeitungsabonnement
247	Fristgemäße Kündigung Abonnement
248	Lieferunterbrechung Tageszeitung
249	Vorbereitung Bürgerinitiative
250	Vorbereitung Vereinsgründung